표지 설명

청동은입사포류수금문정병 〈국보 제 92 호〉, 고려, 높이 37.5cm

한 국 어

중급1

경희대학교 국제교육원
Institute of International Education

Exploring Korean (Intermediate Book Ⅰ)

• **By** Kim Jung-Sup, Kang Hyoun-Hwa, Lee Jung-Hee, Kim Dong-Eun, Lee Myung-Gwi
Institute of International Education, Kyung Hee University

• **Telephone** : 82-2-961-0081~2 • **Fax** : 82-2-959-9018

• **Homepage** : http://www.iie.ac.kr • **E-mail** : iie@khu.ac.kr

Published by Kyung Hee University Press

• **Address** : 26 Kyunghee-daero, Dongdaemun-gu, Seoul 130-701, Republic of Korea

• **Telephone** : 82-2-961-0106~8 • **Fax** : 82-2-962-8840

• **Homepage** : http:// www.khupress.com • **E-mail** : press@khu.ac.kr

• **First published 2002**

• **Printed in Republic of Korea**

• **Cover Design & Illustration** : Shin Young-Seong

ISBN 978-89-8222-062-3
ISBN 978-89-8222-046-3 (SET)

₩ 20,000 (CD included)

머 리 말

전세계인들의 기대와 희망 속에 새로운 세기가 열린 지 어느덧 세 해째로 접어들었다. 세계는 지금 어느 때보다도 각 국의 문화적 다양성을 인정하면서, 이를 바탕으로 상호 교류와 협력의 길을 모색하고 있다. 이러한 시기에 재외동포와 외국인을 대상으로 한국어와 한국 문화를 교육하는 일은 진정한 의미의 세계화를 위한 방안이 될 것이다.

경희대학교 국제교육원 한국어 교육부에서는 한국어 초급 Ⅰ, Ⅱ권에 이어 이번에 다시 한국어 중급 Ⅰ, Ⅱ권을 출판하게 되었다. 이번 중급 교재의 발간은 그간 한국어 교육 발전을 위해 쏟아온 노력이 또 하나의 열매를 맺은 것이라 평할 수 있다. 이 교재는 한국어를 외국어로서 배우는 중급 학습자들이 한국어를 좀 더 쉽고 재미있게 공부하고, 한국 생활과 한국 문화에 대해 폭넓게 이해할 수 있도록 하는 데 목표를 두고 있다. 이를 위해 초급 교재에 등장했던 '나오코'와 '빌리'라는 친숙한 인물을 중심으로 하여, 그들이 각각 대학원과 회사라는 변화된 환경에 적응해 가는 모습을 흥미 있게 엮어 나갔다. 또한 학습자들이 실제 생활에서 접할 수 있는 여러 상황을 교재를 통해 경험하고, 다양한 언어 기능을 사용할 수 있도록 통합 교과 형식으로 각 단원을 구성하였다.

이 교재는 문화 교육에 각별한 관심을 기울였다는 점을 장점으로 꼽을 수 있다. 즉, 각 과의 끝머리에 별도로 문화와 속담에 관한 내용을 제시했을 뿐만 아니라 듣기 지문의 대화나 읽기 지문, 문법 예문 등에서도 한국인의 사고와 행동에 배어 있는 문화적 특성이 드러나도록 신경을 썼다. 시각적인 자료를 제시할 때에도 이 점에 대해 세심하게 고려하였다. 학습자들의 흥미를 제고하여 자연스럽게 한국적인 아름다움에 친숙해질 수 있도록 전통적인 색채와 문양을 적극 활용하였다. 그럼으로써 한국의 전통미와 현대미가 조화를 이루도록 하였다. 이 밖에도 학습자들의 자습이 가능하도록 부록에 문법 설명과 모범 답안 등을 수록하였다.

경희대학교 국제교육원에서는 앞으로도 학습자들의 다양한 요구에 걸맞는 프로그램 개발과 한국어 교육의 질적 향상, 교육 환경 개선 등을 위해 노력할 것이다. 교재 개발도 계속해서 조만간 한국어 고급 Ⅰ, Ⅱ권도 발간할 예정이다.

마지막으로 이 교재가 학습자들의 한국어 능력 향상에 실질적인 도움이 되기를 진심으로 바라는 바이다.

2006년 4월 1일

경희대학교 국제교육원

원장 김 중 섭

일 러 두 기

1. 본 교재의 집필 방향은 다음과 같다.

   - 초급에서 다져진 의사 소통 능력을 기초로 하여 말하기 - 듣기 - 읽기 - 쓰기의 전체적인 언어 능력이 균형을 이룰 수 있도록 하는 것이 목표이다.
   - 각 단원은 통합 교과로 구성되어 있으며 말하기를 중심으로 나머지 기능들을 배치한다. 특히 들은 후 활동과 읽은 후 활동을 두어 각 단원의 주제와 기능에 맞는 말하기 활동을 할 수 있도록 한다.
   - 들은 후 활동과 읽은 후 활동은 실제 생활과 유사한 각종 과제 활동을 포함한다.
   - 중급 과정에서 요구되는 듣기 활동의 강화를 위해 각 과마다 듣고 말하기, 듣기 과제 1, 2를 두어 학생들의 듣기 능력 향상을 도모한다. 듣기의 내용은 실생활 담화와 유사한 대화 및 서술문 듣기로 구성한다.
   - 유창성과 정확성을 모두 학습의 주요 목표로 삼고, 정확한 문법 항목의 활용 또한 중시한다.
   - 학습자의 인지 능력을 최대한 활용하기 위해 내용과 관련 있는 시각적 자료를 충분히 제시한다.
   - 단원마다 한국 문화와 관련된 내용을 제시함으로써 학생들의 한국 문화에 대한 인지도 및 친숙도를 향상시킨다.

2. 본 교재는 중급 I, II권으로 구성되어 있으며 각 8과로 구성하였다. 각 과는 15시간 수업 분량이며 각 권은 듣기 CD를 포함하고 있다.

3. 본 교재를 통해 학습할 어휘의 수는 I, II권을 합하여 2,400여 개로 각 과에 150개 정도의 어휘를 배치하였다. 어휘는 빈도수와 난이도를 고려하여 배치하였으며, 실생활과 관련된 어휘의 경우 빈도수가 낮더라도 포함하였다. 문법 항목의 수는 총 150여 개로, 역시 사용 빈도수와 난이도를 고려하여 선정한 것이다. 문법 항목의 배열은 듣기 및 읽기, 쓰기 등 각 기능별로 제시할 수 있는 구어적 표현과 문어적 표현을 배열하여 제시하였다. 각 과별 배열은 각 과의 주제와 기능에 맞는 문법 요소들을 우선적으로 배열함을 원칙으로 하였다.

4. 중급 교재 전체의 구성은 다음과 같다.

	I권	II권
머리말	인사의 말	
일러두기	교재 이용 방법	
차 례	1과~8과의 구성표	1과~8과의 구성표
등장 인물	교재의 주요 등장 인물에 대한 간단한 소개	
본 단원	1과 ~ 8과	1과 ~ 8과
부 록	모범 답안 문법 설명 찾아보기(어휘 · 표현/문법)	모범 답안 문법 설명 찾아보기(어휘 · 표현/문법)

5 각 단원마다 듣기, 말하기, 읽기, 쓰기의 순서로 학습이 진행될 수 있도록 구성하였다.

6 효율적인 교재 이용을 위해 단원 구성의 의도와 이용 방법을 소개한다.

오방색 통합 교재의 효율적인 수업 운영을 위해 각 페이지마다 (오방색 아이콘)을 두어 진도를 조절하도록 하였다. 색깔별로 구분하였으며 한 가지 색이 50분 수업 세 시간 분량이다.

도입 도입은 본 단원으로 들어가기 전에 학습자들이 본 단원에서 어떤 주제에 대해 학습하게 될 것인지를 생각하고 말할 수 있도록 그림과 질문으로 구성하였다.

듣기 전 활동 단원에서 학습하게 될 어휘를 중심으로 듣기 전 활동을 배치하였다. 어휘 학습 방법은 관련 어휘 연결하기, 주제어 찾기, 의미에 맞는 어휘 연결하기 등이다. 이 활동을 통해 새로 학습하게 될 어휘의 내용을 이해하고 본격적인 듣기 활동에 들어가는 준비를 할 수 있도록 하였다.

듣고 말하기 단원에서 학습하게 될 주제와 기능, 문법이 함축적으로 포함되어 있는 핵심 대화이다.

짝활동 · 모둠활동 들은 후, 혹은 읽은 후 활동으로 진행되는 학습자 활동으로 실제 생활과 밀접한 주제와 기능에 따라 학습자들끼리 짝이나 모둠을 만들어 활동을 진행한다. 은 활동에 필요한 교사의 지침을 기재하였다.

문법 목표 문법 항목을 제시하고, 이를 연습하고 활용하는 단계이다. 문법을 제시할 때는 명사 , 동사 , 동작동사 , 상태동사 의 기호와 그림을 이용하여 학생들이 문법을 쉽게 이해할 수 있도록 하였다.

듣기 과제 1, 2 실생활과 밀접한 관련이 있는 내용을 듣기로 구성하여 학습자들이 실생활에서 들을 수 있는 대화에 친숙할 수 있도록 유도하였다. 듣기 과제 1은 대화문으로 듣기 과제 2는 주로 서술문으로 구성하였다.

읽고 말하기에서는 단원의 주제와 관련된 글을 읽는다. 읽기 지문의 내용은 주로 일상 생활을 다루고 있으나 과의 주제에 따라 글의 종류는 다양하게 배치하였다.

쓰기 단원의 학습 목표와 관련된 주제를 쓰도록 하였다. 쓰기 활동은 과제로 활용할 수도 있다. 완성된 글을 예로 제시하거나 핵심 어휘를 제시하여 학습자들이 적극적으로 쓰기 과제를 수행할 수 있는 제한형 작문을 중심으로 배치하였다.

새 단어 새 단어에서는 각 단원에서 나온 새로운 어휘와 표현을 제시하였다. 표현에는 관용 표현, 연어 표현 등을 제시하였다.

7 네 과마다 낱말 맞추기 퍼즐을 두어 배운 어휘를 복습할 수 있도록 하였으며 각 과의 듣고 말하기에서 중요한 발음 규칙을 익힐 수 있도록 받아쓰기 연습을 두었다.

8 부록을 두어 학생이 자습할 수 있도록 하였다. 단원 내용 중 답안 제시가 가능한 경우에는 모범 답안을 제시하여 자습이 용이하게 하였다. 문법 설명의 경우 교사와 학습자 모두가 참고할 수 있도록 설명과 문법적 제약을 주고, 본 단원에서 제시할 수 없었던 여러 가지 기능과 의미들을 제시하였다. 또한 예문을 추가하여 자습이 용이하게 하였다.

9 본 교재의 외래어 표기는 1986년 문교부 고시 「외래어 한글 표기법」에 따랐다.

차 례 《중급I》

차 례 《중급III》

교재 구성

	제1과 첫인상	제2과 취미	제3과 직장 생활	제4과 환불
기능	· 인물 묘사하기 · 성격 설명하기 · 친구 소개하기	· 취미 소개하기 · 반말로 이야기하기 · 일의 목적 서술하기	· 자기 소개하기 · 설문 조사 실시 및 결과 발표하기 · 장래 설계하기	· 교환 및 환불하기 · 도움 요청하기 · 시장 추천하기
문법	-느라고, -(으)ㄴ 지, -게 되다, -(ㄴ/는)다면, -에 대해(서), -(으)며, -게, (마치) -처럼, -적, -아/어 가다/오다	반말, -(으)ㄹ 줄 알다/모르다, -기는 하지만, -는 중이다/-중이다, -아/어 보이다, -(으)면서, -는 데, -을/를 통해(서), -기 위해(서), -(이)나	-나 보다/-(으)ㄴ가 보다, -네요, -잖아요, -았었/었었, -아/어 놓다/두다, (아무리) -아/어도, -자마자, -(으)ㄴ/는지 (알다/모르다), -(으)ㄴ/는 만큼/-만큼	-는 바람에, 얼마나 -(으)ㄴ지 모르다, -더라/더군요, -(으)ㄹ까 하다, -거든요, 아무 -도/아무 -(이)나, -나요?/-(으)ㄴ가요?, -에 따르면, -에 비해(서)
발음	ㅡ/ㅓ	ㅈ/ㅊ	연음법칙	된소리되기
듣기 활동 내용	· 입학 면접 · 면접 시 주의 사항 · 관상과 운명	· 취미 생활의 장점 · 자기 취미 소개하기 · 취미 생활의 필요성	· 직장에서 첫인사 · 개인 경험 설명하기 · 아르바이트 소개	· 의류 교환 및 환불 · 열차 표 환불 · 컴퓨터 구입에 관한 조언하기
읽기 활동 내용	· 우리 반 친구들 · 면접 요령	· 자전거 백 배 즐기기 · 못 말리는 낚시광	· 직업의 조건 · 지각대장 김 대리	· 환불은 어떻게? · 변화하는 쇼핑 문화
쓰기 활동 내용	· 첫인상 · 고쳐 쓴 후 글 완성하기	· 취미 소개 · 고쳐 쓴 후 자신의 취미 소개글 쓰기	· 자기 소개 · 고쳐 쓴 후 자기 소개서 쓰기	· 인터넷 쇼핑 · 사건 순서 맞춘 후 이야기 완성하기
한국 문화	한국인의 별명	몸과 관련된 관용 표현	주도	경제와 속담

	제5과 날씨와 생활	제6과 여행	제7과 정보	제8과 편지
기능	· 안내 방송 이해하기 · 일기 예보 보고 계획 세우기 · 인용문을 이용하여 들은 내용 전하기	· 광고 보고 여행지 결정하기 · 비행기 표 예매하기 · 여행에 관한 보고서 작성하기	· 충고 및 조언하기 · 도서 대출하기 · 인터넷 정보 찾기	· 축하 카드 쓰기 · 우편 배달 방법 비교 · 대조하기 · 정보 전달 매체의 장단점 주장하기
문법	-던, -아/어지다, -라고 하다, -(ㄴ/는)다고 하다, -냐고 하다/묻다, -(으)ㄴ/는 걸 보니(까), -(으)ㄹ 정도이다, ㅅ 불규칙, -(으)로 인해(서), -만에	-다니요?, -(으)ㄹ 만하다 , -더라고(요), -(으)ㄴ/는 데다가 , -아/어 가지고, -에 따라(서), -(으)므로, -껏	-(으)라고 하다, -자고 하다, -(으)ㄹ 텐데, -는 대로, -기만 하면 (되다), -에 의해(서), 피동, 사동	-(으)ㄴ/는 김에, -(ㄴ/는)다고들 하다, -더라도, 어차피 -(으)니까, -에다(가), -(으)로는 -이/가 그만이다, -더러/보고, -만하다, -고 나서, -는 한
발음	거센소리되기	구개음화	'ㅎ' 묶음	ㅂ/ㅍ/ㅃ
듣기 활동 내용	· 공항 안내 방송 · 감기 예방 · 일기 예보	· 제주도 여행 제안 · 해외 여행 준비 · 비행기 표 예매	· 보고서 작성 방법 조언 구하기 · 전화를 통한 위치 확인 및 정보 얻기 · 매체의 종류	· 친구와의 일상 담화 · 다양한 우편 배달 방법 · 행운의 편지
읽기 활동 내용	· 전국에 큰 눈 '교통 대란' · 날씨와 마케팅	· 나라 이름 맞추기 · 가 보고 싶은 섬, 제주	· 도서관 이용 방법 · 정보화 사회	· 편지의 미래 · 공적인 편지
쓰기 활동 내용	· 한국의 계절 · 계절별 특징 및 날씨 소개문 쓰기	· 민속박물관에 다녀와서 · 기행문 쓰기	· 광고의 기능 · 주장하는 글쓰기	· 편지 쓰는 방법 · 형식에 맞게 편지 쓰기
한국 문화	절기와 세시풍속	날씨와 속담	명사형으로 끝나는 관용 표현	말과 속담

등장 인물

타나카 나오코

일본 도쿄에서 온 여학생
경희대학교에서 한국어를 배우고,
대학원에 진학하여 국제 관계를
전공하고 있다.

빌리 화이트

미국 뉴욕에서 온 청년
나오코와 함께 한국어를 배웠고,
지금은 광고 회사에 취직하여 해외 홍보를
담당하고 있다.

신한수

나오코의 대학원 선배
후배들에게 관심이 많은 자상한 성격으로, 부인과 딸이 있다.

이민정

나오코의 대학원 친구
모형 만들기와 여행을 좋아하며, 나오코의 대학원 생활을 많이 도와주고 있다.

김영철

빌리의 직장 동료
일을 아주 잘 하지만 건망증이
있어서 물건을 잘 잃어버린다.

제1과 첫인상

도 입

다음 그림을 보고 이야기해 봅시다.

1

2

3

4

1. 누가 첫인상이 제일 좋습니까?

2. 면접을 볼 때 어떤 옷을 입으면 안 될까요?

3. 면접에서 어떤 태도로 이야기하는 것이 좋습니까?

듣고 말하기

다음 질문에 답하십시오.

1. 다음과 관계있는 것을 고르십시오.

한국어교육학	역사학	경영학	법학	철학

☐ 시험 ☐ 전공 ☐ 면접 ☐ 만남

2. 반대되는 것끼리 연결하십시오.

신다 ●	● 연하다
간단하다 ●	● 복잡하다
진하다 ●	● 잃다
얻다 ●	● 벗다
화려하다 ●	● 수수하다

다음 대화를 잘 듣고 질문에 답하십시오.

1. 다음 빈칸을 채우십시오.

(1) 나오코 씨, 이쪽으로 ________

(2) 아니요, 전공 공부를 ________ 한국사는 공부하지 못했습니다.

(3) 그래요? ________ 계획을 간단하게 이야기해 보세요.

2. 나오코는 대학에서 무엇을 전공했습니까?

☐ 일본 역사 ☐ 한국 역사 ☐ 국제 관계 ☐ 경제학

3. 면접관이 한 질문이 아닌 것을 고르십시오.

- ☐ 고향이 어디입니까?
- ☐ 한국에 온 지 얼마나 되었습니까?
- ☐ 우리 학과에 지원한 동기는 무엇입니까?
- ☐ 앞으로의 계획은 무엇입니까?

짝 활동 여러분이 면접관이라면 무엇을 질문하고 싶습니까? 친구와 이야기해 봅시다.

	내 용	대 답
질문 1	대학에서 무엇을 전공했습니까?	
질문 2		
질문 3		

듣기 과제 1

잘 듣고 질문에 답하십시오.

1. 다음 빈칸을 채우십시오.

(1) 헤어스타일은 짧고 ________ 것이 좋습니다.

(2) 옷은 ________ 입는 것이 좋습니다.

(3) 이렇게 하면 면접관에게 ________ 주어 높은 점수를 받을 수 있습니다.

2. 바르게 연결하십시오.

신발	짧은 스타일
머리 모양	정장
옷	소리가 크게 나지 않는 것
화장	진하지 않게

혹시 지원하다 동기 국제 관계 동북아시아 지역 간단하다 헤어스타일 화장
표정 중요하다 진하다 액세서리 피하다 미소 띠다 상대방 점수

문 법

1 동작동사 느라고

어젯밤에 책을 읽느라고 두 시간밖에 못 잤어요.
일찍 나오느라고 세수도 못했어요.
나오코 씨 집을 찾느라고 고생했어요.

다음 대화를 완성하십시오.

1. 가 : 왜 이렇게 늦었어요?
   나 : 집에서 나오는데 전화가 와서 ______
2. 가 : 왜 아직 퇴근을 안 했어요?
   나 : ______
3. 가 : 어제 왜 잠을 못 잤어요?
   나 : 시험이 있어서 ______

2 동작동사 (으)ㄴ 지

친구가 고향에 돌아간 지 네 달이 되었습니다.
한국어를 배운 지 얼마 안 됐어요.
졸업한 지 오래돼서 친구 이름도 잘 생각이 안 나요.

다음 문장을 바꾸어 쓰십시오.

1. 1년 전에 한국에 왔어요.
   ➡ ______
2. 한 달 전에 비행기 표를 예약했어요.
   ➡ ______
3. 지난주부터 탈춤을 배웠습니다.
   ➡ ______

3 동작동사 게 되다

피곤할 때는 자주 꿈을 꾸게 됩니다.
눈이 나빠져서 안경을 쓰게 되었어요.
한국과 일본이 월드컵을 함께 개최하게 되었습니다.

다음 대화를 완성하십시오.

1. 가 : 자동차를 바꾸셨군요.
   나 : 차가 자주 고장나서
2. 가 : 어떻게 경희대학교에 오게 됐어요?
   나 :
3. 가 : 왜 갑자기 이사를 가세요?
   나 : 직장 때문에

4 동사 (ㄴ/는)다면

필요 없다면 다른 사람에게 선물하세요.
서두르지 않는다면 약속 시간에 늦을 거예요.
내가 부자라면 멋있는 스포츠카를 사고 싶어요.

〈보기〉와 같이 바꾸어 쓰십시오.

〈보기〉 그 친구를 다시 만나다 / 사과하고 싶다
➡ 그 친구를 다시 만난다면 사과하고 싶어요.

1. 주말에 날씨가 좋다 / 야외로 놀러 가다
   ➡
2. 복권에 당첨되다 / 넓은 집으로 이사가다
   ➡
3. 내가 선생님이다 / 숙제를 조금만 내다
   ➡

5 명사 에 대해(서)

저는 그 사람에 대해서 잘 모릅니다.
선생님과 진로에 대해 상담하세요.
정부는 환경 단체에 대한 지원을 늘려야 합니다.

6 상태동사 게

맛있게 드신 후에 그릇은 제자리에 두십시오.
이 책은 누구나 쉽게 이해할 수 있습니다.
정확하게 다시 한 번 말씀해 주세요.

7 동사 (으)며

아이가 소리를 지르며 울었다.
서울은 한국의 수도이며, 정치와 경제의 중심지입니다.
이 책상은 크고 튼튼하며 디자인도 예쁩니다.

8 (마치) 명사 처럼

가을 하늘은 호수처럼 파랗습니다.
설악산은 마치 그림처럼 아름다웠습니다.
엄마가 만들어 주신 음식처럼 맛있는 것은 없습니다.

9 명사 적

세계적으로 유명한 한국인은 누구입니까?
오랜만에 감동적인 소설을 읽었어요.
이 백화점은 비교적 값이 싸요.

10 동작동사 아/어 가다/오다

살아 온 날보다 살아 갈 날들이 더 많습니다.
차가운 바람이 세차게 불어 왔어요.
처음부터 하나씩 배워 가겠습니다.

듣기 과제 2

다음 질문에 답하십시오.

1. 다음과 관계있는 것을 고르십시오.

꿈	손금	관상	점	별자리

□ 외모　□ 여행　□ 희망　□ 운명

잘 듣고 질문에 답하십시오.

1. 다음 빈칸을 채우십시오.

(1) 관상은 얼굴의 모양으로 그 사람의 성격이나 ________ 것입니다.

(2) 하지만 눈이 너무 큰 사람은 ________ , 눈이 위로 올라간 사람은 성격이 별로 좋지 않습니다.

(3) 입가에 점이 있으면 ________ 있습니다.

2. 관상에서 제일 중요한 것은 무엇입니까?

□ 눈　□ 코　□ 입　□ 귀

3. 바르게 연결하십시오.

이마가 넓다 ●	● 재산과 명예를 얻는다
귀가 크다 ●	● 머리가 좋다
코가 잘 생겼다 ●	● 마음이 착하다
눈이 빛난다 ●	● 오래 산다

짝활동 다음 그림을 보고 관상에 대해 이야기해 봅시다.

1

- 특징 :
- 관상 :

2

- 특징 :
- 관상 :

3

- 특징 :
- 관상 :

4

- 특징 :
- 관상 :

5

- 특징 :
- 관상 :

6

- 특징 :
- 관상 :

관상 운명 맞히다 반짝반짝 빛나다 겁 별로 재산 명예 입가 복

읽고 말하기

다음 글을 읽고 질문에 답하십시오.

우리 반 친구들

우리 반 친구들을 소개하겠습니다. 먼저 중국에서 온 민영 씨는 똑똑하게 생겼습니다. 그리고 실제로도 공부를 잘합니다. 시험 기간에는 민영 씨가 선생님처럼 우리 반 학생들을 도와 줍니다. 파키스탄에서 온 알리 씨는 험상궂게 생겨서 처음에는 조금 무서웠습니다. 하지만 지금은 알리 씨하고 제일 친합니다. 일본에서 온 카오리 씨는 곰 인형처럼 귀엽게 생겼고, 미국에서 온 제임스 씨는 너그럽게 생겼습니다. 독일에서 온 한스 씨는 얼음처럼 차갑게 생겼지만, 정말 마음이 따뜻한 사람입니다. 프랑스에서 온 알랭 씨는 영화 배우처럼 멋있게 생겨서 친구들에게 인기가 많습니다.

1. 이 글은 무엇에 대한 내용입니까?

2. 인상과 성격이 다른 사람은 누구입니까?

- ☐ 민영, 알리
- ☐ 카오리, 제임스
- ☐ 한스, 알랭
- ☐ 알리, 한스

3. 빈칸에 사람의 이름을 쓰십시오.

1 2 3 4 5 6

1	2	3	4	5	6
카오리					

모둠 활동 친구들의 첫인상에 대해 이야기해 봅시다.

이 름	첫인상	이 유
나오코	귀엽다	얼굴이 동그랗고 곰 인형처럼 생겨서

다음 글을 읽고 질문에 답하십시오.

면접 요령

면접을 볼 때 단정한 옷차림과 헤어스타일, 표정도 중요하지만, 제일 중요한 것은 자신의 생각을 제대로 전달하는 것입니다. 그렇게 하려면 먼저 면접관의 질문을 잘 듣고 내용을 정확하게 이해해야 합니다. 그리고 대답을 할 때는 '예', '아닙니다' 라고 자기 생각을 분명하게 표현해야 합니다. 둘째, 속어를 쓰는 것은 좋지 않습니다. 면접관에게 좋지 않은 인상을 줄 수 있기 때문입니다. 셋째, 대답이 곤란한 질문을 받았을 때는 짧게 대답하는 것이 좋습니다. 자신이 모르는 것에 대해 길게 대답하면 앞뒤가 맞지 않을 가능성이 높기 때문입니다. 또 개인적인 질문을 받았을 때는 당황하지 말고 간단하게 대답하는 것이 좋습니다.

1. 면접을 볼 때 가장 중요한 것은 무엇입니까?

2. 속어를 쓰면 안 되는 이유는 무엇입니까?

3. 다음 질문에 어떻게 대답하겠습니까?
   - 학교 성적이 왜 이렇게 나쁩니까?
   - 일요일에도 출근할 수 있습니까?

모둠 활동 여러분이 알고 있는 속어를 이야기해 봅시다.

속 어	뜻	예
땡땡이치다	(수업에) 안 들어가다	오늘 오후 수업을 땡땡이쳤어요.

실제로 험상궂다 무섭다 곰 너그럽다 얼음 차갑다 배우 요령 단정하다 옷차림 제대로 전달하다 정확하다 분명히 표현하다 속어 곤란하다 가능성 개인 당황하다

쓰 기

밑줄 친 부분을 바르게 고치고, ( ) 안에 알맞은 말을 〈보기〉에서 골라서 넣으십시오. 그리고 마지막 문장을 만들어서 글을 완성하십시오.

〈보기〉 특히 하지만 그리고 예를 들어

① 나는 어렸을 때까지 사람들이 만나는 것이 좋아합니다.

② 새로운 사람을 만나서 그 사람의 성격이 조금씩 알아 가는 것을 너무 재미있습니다.

③ ( ) 가끔 사람에 첫인상와 성격이 너무 달라서 놀란 적도 있습니다.

④ 사람이 처음 만날 때 우리는 자기가 모르게 그 사람이 평가하게 됩니다.

⑤ 보통 그 사람에 얼굴, 옷차림 등 겉으로 보이는 것에서 평가합니다.

⑥ ( ) 외모만으로 사람이 평가하면 안 됩니다.

⑦ 외모가 그 사람을 살아 온 삶을 말해 주지는 않기 때문입니다.

⑧ 그 사람이 가장 솔직하게 보여 주는 것을 눈과 손입니다.

⑨ ( ) 눈을 사람에 감정을 가장 정직하게 보여 줍니다.

⑩ 속으로는 슬프지만 겉으로 웃을 때를 있습니다.

⑪ ( ) 이 때만 눈은 거짓말이 못합니다.

⑫ ( ) 손은 그 사람이 살아 온 시간이 말해 줍니다.

⑬ ( ) 거친 손을 가진 사람은 고생이 많이 한 사람입니다.

나는 어렸을 때

그러므로 ____.

조금씩 평가하다 겉 외모 삶 솔직하다 감정 정직하다 예를 들어 거칠다 고생

한국인의 별명

'별명' 이란 본명이 아닌 다른 이름으로, 그 사람의 모습, 성격, 버릇, 행동, 말씨 등을 가지고 남들이 지어 부르는 이름입니다. 비웃거나 놀리는 뜻으로 부르기도 하지만 애칭으로 부르는 경우가 더 많습니다. 본명이 자신의 의지와 상관없이 붙여진 이름이라면 별명은 언제든지 바뀔 수 있는 이름입니다. 대부분의 별명은 주위 사람들에게 웃음을 주며 쉽게 기억할 수 있도록 도와 줍니다. 그래서 한국 사람들은 별명을 즐겨 부릅니다.

'갈비' 는 지나치게 마른 사람에게 붙이는 별명이며, '공주' 는 고상하고 아름다운 겉모습을 하고 있으나 잘난 체하기 좋아하는 사람에게 붙이는 별명입니다. 또한 얼굴이 큰 사람에게는 '큰 바위 얼굴', 얼굴에 주름이 많으면 '하회탈' 이라는 별명을 붙이기도 합니다.

이렇게 별명을 즐겨 부르는 이유는 그 사람의 특성을 담아 친근하게 부를 수 있고, 직접 비판할 수 없는 단점이나 특성을 부드럽게 나타낼 수 있기 때문입니다. 그리고 재미있고 즐겁게 별명을 부르면서 우정을 쌓을 수도 있습니다.

듣기 지문

듣고 말하기 p. 14

교수님 : 나오코 씨, 이쪽으로 앉으세요.

나오코 : 안녕하세요? 처음 뵙겠습니다. 일본에서 온 나오코라고 합니다.

교수님 : 전공이 일본 역사인데, 혹시 한국 역사**에 대해서**도 공부했어요?

나오코 : 아니요, 전공 공부를 하**느라고** 한국사는 공부하지 못했습니다.

교수님 : 그렇군요. 한국에 **온 지**는 얼마나 됐어요?

나오코 : 1년 전에 왔습니다.

교수님 : 한국어로만 수업을 하는데 힘들지 않겠어요?

나오코 : 처음에는 좀 힘들겠지만, 열심히 해서 따라가겠습니다.

교수님 : 그럼 우리 학과에 지원한 동기부터 들어볼까요?

나오코 : 저는 한국에 오기 전부터 국제 관계에 관심이 많았습니다. 특히 동북아시아 지역에 대한 공부를 하고 싶었습니다. 그래서 지원하**게 되었습니다**.

교수님 : 그래요? 앞으로의 계획을 간단하**게** 이야기해 보세요.

나오코 : 대학원에 합격**한다면** 열심히 공부한 후에 일본으로 돌아가 한국 대사관에서 일을 하고 싶습니다.

듣기 과제 1 p. 15

면접을 볼 때는 헤어스타일, 화장, 옷, 표정 등이 모두 중요합니다. 헤어스타일은 짧고 깨끗한 것이 좋습니다. 화장은 진하지 않은 것이 좋**으며**, 화려한 액세서리는 피해야 합니다. 옷은 정장을 입는 것이 좋습니다. 대답할 때는 미소를 띤 얼굴로 상대방의 눈을 보는 것이 좋습니다. 이 외에도 신발은 걸을 때 소리가 크게 나지 않는 것을 신어야 합니다. 이렇게 하면 면접관에게 좋은 인상을 주어 높은 점수를 받을 수 있습니다.

듣기 과제 2 p. 19

관상은 얼굴의 모양으로 그 사람의 성격이나 운명을 맞히는 것입니다. 관상에서 제일 중요한 것은 눈입니다. 반짝반짝 빛나는 눈을 가진 사람은 머리가 좋습니다. 하지만 눈이 너무 큰 사람은 겁이 많고, 눈이 위로 올라간 사람은 성격이 별로 좋지 않습니다.

또 이마가 넓은 사람은 마음이 착하고, 귀가 큰 사람은 오래 삽니다. 코가 잘 생기면 재산과 명예를 얻고, 입가에 점이 있으면 먹을 복이 있습니다.

제 2 과 취 미

도 입

다음 도표를 보고 이야기해 봅시다.

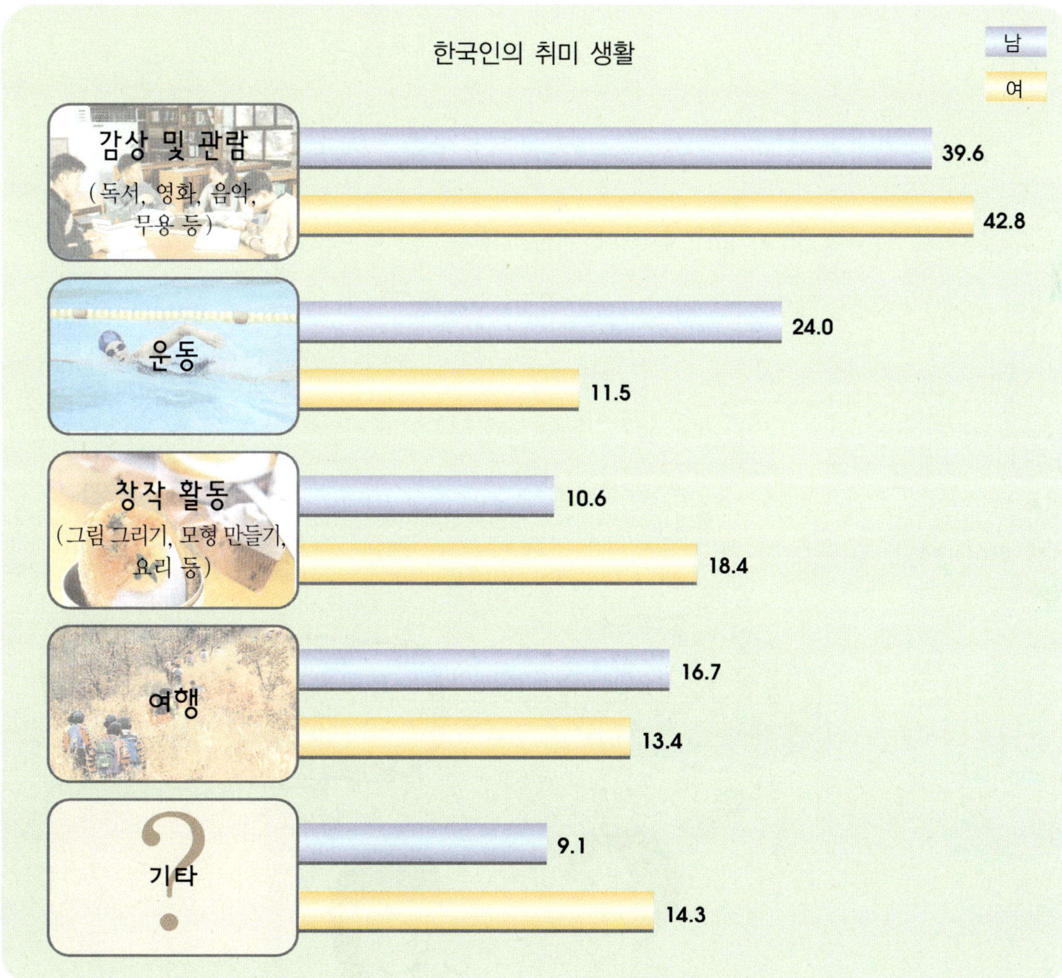

1. 한국 사람들이 가장 많이 즐기는 취미는 무엇입니까?

2. 남자와 여자의 취미는 어떻게 다릅니까?

3. 기타에는 어떤 취미가 있을까요?

듣고 말하기

다음 질문에 답하십시오.

1. 다음과 관계있는 것을 고르십시오.

수집	공연	운동	등산	게임

☐ 감상 ☐ 취미 ☐ 놀이 ☐ 관심

2. 알맞은 것끼리 연결하십시오.

볼링	모으다
바둑	타다
동전	치다
모형	만들다
스키	두다

다음 대화를 잘 듣고 질문에 답하십시오.

1. 다음 빈칸을 채우십시오.

(1) 그래? 그럼 볼링을 ________

(2) 아니요, ________ 못해요.

(3) 나오코는 볼링장에 ________ 가니?

2. 나오코와 한수의 취미는 무엇입니까?

- 나오코 :
- 한수 :

3. 바둑의 장점은 무엇입니까?

모둠 활동 친구들의 취미에 대해 조사해 봅시다.

질문 \ 이름			
1. 취미가 무엇입니까?			
2. 주로 언제 합니까?			
3. 시간과 비용은 얼마나 듭니까?			
4. 효과는 무엇입니까?			

듣기 과제 1

잘 듣고 질문에 답하십시오.

1. 다음 빈칸을 채우십시오.

(1) 어머, 정말 진짜 ______

(2) 네, 좀 유치해 보이기는 하지만, ______ 해 보면 아주 재미있어요.

(3) 경복궁처럼 ______ 건물을 종이로 만들어요.

2. 민정이가 만드는 것이 아닌 것을 고르십시오.

- [ ] 비행기
- [ ] 자동차
- [ ] 옷장
- [ ] 배

3. 들은 내용과 다른 것을 모두 고르십시오.

- [ ] 민정의 취미는 모형 만들기이다.
- [ ] 모형 만들기는 어른들이 좋아한다.
- [ ] 건물 모형은 종이로 만든다.
- [ ] 플라스틱 모형이 더 멋있다.

선배 통 바둑 두다 집중력 키우다 모형 완성되다 유치하다 플라스틱

문 법

1 반 말

		평서형	의문형	청유형	명령형	감탄형
격식체	읽다	읽습니다	읽습니까?	읽읍시다	읽으십시오	·
		읽는다	읽냐?(니?)	읽자	읽어라	읽는구나
	예쁘다	예쁩니다	예쁩니까?			·
		예쁘다	예쁘냐?(니?)			예쁘구나
	책이다	책입니다	책입니까?			·
		책이다	책이냐?(니?)			책이구나

		평서형	의문형	청유형	명령형	감탄형
비격식체	읽다	읽어요	읽어요?	읽어요	읽어요	읽는군요
		읽어	읽어?	읽어	읽어	읽는군
	예쁘다	예뻐요	예뻐요?			예쁘군요
		예뻐	예뻐?			예쁘군
	책이다	책이에요	책이에요?			책이군요
		책이야	책이야?			책이군

맛있게 많이 먹어.
고속전철은 정말 빠르구나.
이번 토요일에 스케이트장에 가자.
내일 모임에 참석할 수 있어?
우리 학교 도서관에는 약 300만 권의 책이 있다.

반말을 사용하여 다음 대화를 완성하십시오.

1. 가 : 그동안 어떻게 지내셨어요?
   나 :

2. 가 : 야구 경기는 어땠어요?
   나 :

3. 가 : 지금 퇴근하는 거예요?

나 :

2 동작동사 (으)ㄹ 줄 알다/모르다

저는 컴퓨터로 한국어를 칠 줄 모릅니다.
요즘은 제대로 한복을 입을 줄 아는 사람이 많지 않아요.
이 문제를 풀 줄 아는 사람은 정말 똑똑한 사람이에요.

다음 대화를 완성하십시오.

1. 가 : 자전거 탈 줄 아세요?

나 :

2. 가 : 차가 고장이 났는데 고칠 줄 아세요?

나 :

3. 가 : 한국 요리를 만들 줄 아세요?

나 :

3 동사 기는 하지만

동대문시장은 값이 싸기는 하지만 옷을 고르기가 어려워요.
서울이 좋기는 하지만 너무 복잡해서 시골로 이사가고 싶어요.
시험을 보기는 했지만 합격할 자신이 없어요.
*그 집 음식이 맛있기는 해요.

다음 대화를 완성하십시오.

1. 가 : 한국어 공부는 어떻습니까?

나 :

2. 가 : 새로 이사한 집은 마음에 들어요?

나 :

3. 가 : 지난주에 본 영화는 재미있었어요?

나 :

4 동작동사 는 중이다, 명사 중이다

지금 식사하는 중이니까 조금 이따가 다시 걸어 주시겠어요?
버스를 기다리는 중이에요.
공연 중에 핸드폰이 울리지 않게 미리 꺼 주시기 바랍니다.

〈보기〉와 같이 바꾸어 쓰십시오.

〈보기〉 시험을 볼 때는 옆 사람과 이야기하지 마십시오.
➡ 시험을 보는 중에는 옆 사람과 이야기하지 마십시오.
➡ 시험 중에는 옆 사람과 이야기하지 마십시오.

1. 과장님은 회의를 하다가 전화를 받고 나가셨습니다.
➡
➡

2. 공부를 할 때는 말을 걸지 마세요.
➡
➡

3. 책을 읽고 있는데, 갑자기 정전이 되었습니다.
➡
➡

5 상태동사 아/어 보이다

머리를 자르니까 훨씬 젊어 보이네요.
청소를 하면 깨끗해 보일 겁니다.
그 사람은 무척 얌전해 보였습니다.

다음 대화를 완성하십시오.

1. 가 : 남편의 첫인상은 어땠습니까?
나 :

2. 가 : 어제 산 신발인데, 어때요?
나 :

3. 가 : 중요한 행사가 있을 때 어떤 옷을 주로 입으세요?

나 :

6 동사 (으)면서

아내가 잠을 자면서 잠꼬대를 합니다.
여행을 하면서 많은 친구를 사귀었습니다.
이 청바지는 값이 싸면서 튼튼합니다.

다음 대화를 완성하십시오.

1. 가 : 지금 뭘 하고 계세요?

   나 :

2. 가 : 삼계탕을 왜 그렇게 좋아하세요?

   나 :

3. 가 : 왜 그렇게 그 사람을 싫어하세요?

   나 :

7 동작동사 는 데 (좋다/나쁘다)

피로를 푸는 데는 잠이 제일 좋습니다.
과일과 채소를 많이 먹는 것이 변비를 예방하는 데 도움이 됩니다.
모국어를 사용하는 것은 한국어를 공부하는 데에 도움이 되지 않습니다.

8 명사 을/를 통해(서)

우리는 책을 통해서 많은 지식을 얻습니다.
국제 뉴스를 통해 다른 나라의 소식을 알게 됩니다.
요즘 학생들은 인터넷을 통한 정보 습득에 익숙해요.

9 동작동사 기 위해(서)

전시회를 보기 위해서 화랑에 갔어요.
성공하기 위해서는 약속을 잘 지켜야 합니다.
전통 문화를 지키기 위한 노력을 계속해야 합니다.

10 숫자 (이)나

산불 때문에 오십 채나 되는 집이 탔다.
마라톤 선수가 자신의 기록을 7분이나 단축했다.
갑자기 버스 요금이 10%나 올랐어요.

듣기 과제 2

다음 질문에 답하십시오.

1. 알맞은 단어를 골라 쓰십시오.

수집　　감상　　관람　　시청　　청취

라디오		우표	
텔레비전		스포츠	
영화		음악	

잘 듣고 질문에 답하십시오.

1. 다음 빈칸을 채우십시오.

(1) 운동이나 ______ 즐기는 사람도 있습니다.

(2) 가장 큰 이유는 취미를 통해 ______ 얻기 때문입니다.

(3) 오히려 스트레스를 ______ 데 도움을 줍니다.

2. 들은 내용에 없는 취미는 무엇입니까?

- [ ] 동전이나 우표 수집
- [ ] 영화나 음악 감상
- [ ] 운동이나 여행
- [ ] 게임이나 독서

3. 사람들이 취미 생활을 하는 이유를 모두 고르십시오.

- ☐ 즐거움을 얻을 수 있기 때문에
- ☐ 스트레스를 풀기 위해
- ☐ 돈이나 시간이 들지 않기 때문에
- ☐ 몸과 마음의 건강을 위해

짝활동 **취미 생활**을 할 때 주의해야 할 점은 무엇입니까? 친구와 이야기해 봅시다.

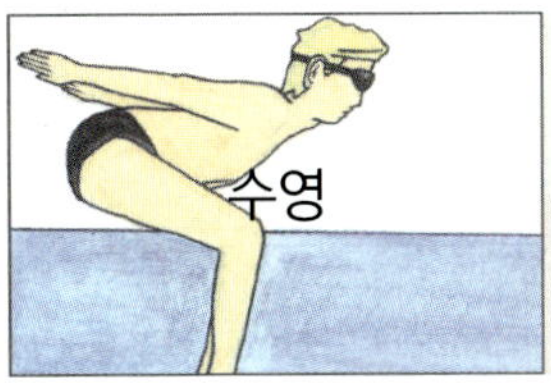

준비 운동을 해야 한다.

너무 깊은 곳에 가면 안 된다.

대부분　즐거움　오히려　풀다

읽고 말하기

다음 글을 읽고 질문에 답하십시오.

자전거 백 배 즐기기

자전거 타기를 즐기는 사람이 점점 늘고 있습니다. 그러나 자전거는 바퀴가 두 개밖에 없어서, 조심하지 않으면 사고가 나기 쉽습니다. 자전거를 안전하게 타려면 어떻게 해야 할까요?

자전거를 탈 때 제일 중요한 것은 머리에 꼭 맞는 헬멧을 쓰는 것입니다. 몸의 다른 부분과는 다르게 머리를 다치면 아주 위험하기 때문입니다. 또 옷은 긴 것을 입고, 신발은 가볍고 바닥이 딱딱한 것을 신는 것이 좋습니다. 그리고 자전거를 타기 전에 안장의 높이를 적당하게 맞추는 것도 중요합니다.

야외로 나갔을 때, 지칠 때까지 자전거를 타는 것은 좋지 않습니다. 왜냐하면 집으로 돌아올 때도 다시 자전거를 타야 하기 때문입니다. 자전거를 타고 가다가 어느 정도 땀이 나면 돌아갈 생각을 해야 합니다. 이런 것들을 잘 지키면, 좀 더 재미있고 안전하게 자전거 여행을 즐길 수 있습니다.

1. 자전거를 탈 때의 복장으로 적당한 것을 모두 고르십시오.

☐ 머리에 꼭 맞는 헬멧을 씁니다. ☐ 반바지와 반소매 옷을 입습니다.
☐ 햇빛을 막아 주는 모자를 씁니다. ☐ 바닥이 딱딱한 신발을 신습니다.

2. 헬멧을 꼭 써야 하는 이유는 무엇입니까?

3. 자전거를 타고 야외로 나갔을 때 주의할 점은 무엇입니까?

모둠 활동 여러분의 취미 생활에 대해 이야기해 봅시다.

이 름	취 미	이 유
민정	해외 펜팔	외국 친구를 많이 사귀고 싶어서

다음 글을 읽고 질문에 답하십시오.

못 말리는 낚시광

나는 낚시를 너무너무 좋아한다. 그래서 주말이면 언제나 낚시터에서 시간을 보낸다. 하지만 내가 낚시 가는 것을 아내는 별로 좋아하지 않는다. 낚시는 돈도 적지 않게 들고, 주말에 아내 혼자 집에 있어야 하기 때문이다. 그래서 낚시를 갈 때 나는 항상 아내의 눈치를 본다.

며칠 전에 낚시 전문점에서 커다란 고무 보트를 보았다. 전부터 고무 보트를 꼭 갖고 싶었기 때문에 가격을 물어보았다.

"27만 원입니다."

나는 한참 망설이다가 신용카드로 고무 보트를 샀다. 집에 고무 보트를 가지고 왔을 때 아내가 나에게 물었다.

"아니, 무슨 돈이 있어서 그걸 샀어요? 그거 얼마예요?"

나는 할 수 없이 거짓말을 했다.

"별로 비싸지 않아. 5만 원 줬어."

그래도 아내는 "요즘 돈 쓸 곳이 얼마나 많은데 그런 걸 5만 원이나 주고 사는 거예요?" 하면서 잔소리를 했다.

며칠이 지난 후, 아내가 나에게 7만 원을 보여 주면서 자랑을 했다.

"여보, 오늘 내가 그 고무 보트를 7만 원이나 받고 팔았어요. 정말 잘 했죠? 2만 원은 내 거니까, 5만 원으로 새 걸 또 하나 사세요."

아내가 주는 5만 원을 받으면서, 나는 속으로 눈물을 흘렸다.

1. 낚시하러 가는 것을 아내가 싫어하는 이유는 무엇입니까?

2. 고무 보트의 진짜 가격은 얼마입니까?

- [ ] 5만원
- [ ] 7만원
- [ ] 20만원
- [ ] 27만원

3. 아내에게서 5만원을 받고 속으로 눈물을 흘린 이유는 무엇입니까?

모둠 활동 좋아하는 취미 생활에 푹 빠져 사는 사람을 '○○광(狂)'이라고 합니다. 다음 빈칸을 채워 봅시다.

○○광	이상한 행동
골프광	1. 우산을 잡고 골프 연습을 한다. 2. 푸른 색 바닥을 보면 구멍을 찾는다.

즐기다 점점 늘다 바퀴 사고 안전하다 헬멧 부분 딱딱하다 안장
적당하다 맞추다 야외 지치다 정도 땀 말리다 낚시광 눈치 전문점
커다랗다 고무 보트 한참 망설이다 잔소리 자랑

쓰 기

( ) 안의 어휘를 사용하여 글을 완성하십시오.

내 취미는 영화 감상이다. 영화 감상은 흔한 ______________(취미이다), 내가 영화를 좋아하게 된 데에는 좀 특별한 사연이 있다.

나는 초등학교 때부터 영화를 ______________(좋아하다), 그것은 우리 아버지 덕분이었다. 우리 아버지는 텔레비전 프로그램 중에서 '주말의 명화'를 제일 좋아하셨다. '주말의 명화'는 좋은 옛날 영화만 ______________(뽑다) 보여 주는 프로그램이었다. 나는 다른 프로그램을 ______________(보고 싶다), 아버지 때문에 할 수 없이 주말의 명화를 봐야 했다. 아버지는 영화를 ______________(보다) 젊었을 때 이야기를 해 주셨다. 지금 ______________(생각해 보다), 아버지는 기억력이 좋은 분이셨다. 아버지는 언제, 어디에서 누구와 함께 그 영화를 보았는지 ______________(정확하다) 기억하고 계셨다. 처음에 나는 영화 보는 것을 별로 좋아하지 않았다. 왜냐하면 내가 이해하기에는 영화가 좀 ______________(어렵다). 하지만 시간이 ______________(지나다) 나는 영화보다 아버지의 이야기에 재미를 느꼈다. 그러다 보니 어느새 영화도 ______________(좋아하다).

요즘은 ______________(바쁘다) 영화를 잘 보지 못한다. 하지만 가끔 텔레비전에서 오래된 영화가 ______________(나오다) 아버지 생각이 나서 꼭 보게 된다.

위의 글을 참고하여 자신의 취미를 소개하는 글을 쓰십시오.

흔하다 사연 덕분 명화 기억력 어느새

몸과 관련된 관용 표현

한국어에는 신체와 관련된 관용 표현이 많이 있다. 그 중에서도 얼굴의 여러 기관과 관련된 표현이 많다.

'눈이 높다'는 어떤 것을 선택하는 기준이 높다는 뜻이다. 눈이 높은 사람은 물건을 살 때 품질이 좋은 것만 산다. 또 결혼 상대를 고를 때도 여러 가지 조건이 모두 만족스러운 사람을 찾는다. 그래서 눈이 높은 사람 중에는 노처녀, 노총각이 많다고 한다.

'입이 무겁다'는 말이 없고 비밀을 잘 지킨다는 뜻이다. 그러니까 입이 무거운 사람은 남의 비밀을 알고도 다른 사람들에게 말하지 않는 사람이다. 이런 사람은 믿음직스럽고 성격이 좋다는 칭찬을 듣기 때문에 주변에 친구가 많다.

'콧대가 세다'는 자존심이 세서 다른 사람에게 굽히기 싫어하는 사람을 가리킬 때 쓰고, '귀가 얇다'는 다른 사람의 말을 잘 믿어서 쉽게 속는 사람에게 쓴다.

'손이 크다'는 어떤 일을 큰 규모로 한다는 뜻이다. 음식을 만들 때 먹고 남을 만큼 많이 하는 사람, 큰돈을 쉽게 잘 쓰는 사람은 손이 큰 사람이라고 할 수 있다. 이런 사람은 시원스럽다는 칭찬을 듣기도 하지만 일의 규모를 조절하지 못해서 곤란을 겪기도 한다.

또 '발이 넓다'는 아는 사람이 많을 때 쓰는데, 발이 넓은 사람은 사람들의 도움이 필요한 일을 할 때 큰 능력을 발휘할 수 있다.

듣기 지문

듣고 말하기 p. 28

한 수 : 나오코는 취미가 **뭐야**?
나오코 : 볼링이요.
한 수 : 그래? 그럼 볼링을 잘 치겠**구나**.
나오코 : 아니요, 잘 치지는 못해요. 선배님은 볼링 **칠 줄 아세요**?
한 수 : 아니, 보는 건 좋아하지만 아직 한 번도 못 쳐 봤**어**. 나오코는 볼링장에 자주 **가니**?
나오코 : 아니요, 가고 싶**기는 하지만** 요즘은 바빠서 통 못 가요. 그런데 선배님은 뭘 좋아하세요?
한 수 : 나는 바둑이 취미**야**.
나오코 : 그러세요? 바둑 두는 거 어렵지 않아요?
한 수 : 아니, 생각보다 재미있**어**. 나오코도 관심 있으면 한번 배워 **봐**. 집중력을 키우**는 데** 아주 **좋아**.

듣기 과제 1 p. 29

나오코 : 민정 씨, 지금 뭐하고 있어요?
민 정 : 모형 비행기를 만드**는 중이에요**. 이제 거의 완성됐어요.
나오코 : 어머, 정말 진짜 같아요. 민정 씨 취미가 모형 만들기예요?
민 정 : 네, 좀 유치**해 보이기는 하지만**, 실제로 해 보면 아주 재미있어요.
나오코 : 좋은 취미를 갖고 계시는군요. 다른 것도 만들어요?
민 정 : 네, 가끔 배나 자동차, 건물 같은 것도 만들어요.
나오코 : 어떤 건물인데요?
민 정 : 경복궁처럼 유명한 건물을 종이로 만들어요.
나오코 : 그럼 플라스틱 모형보다 화려하고 멋있겠군요.
민 정 : 네, 그래요.

듣기 과제 2 p. 34

대부분의 사람들은 취미를 가지고 있습니다. 어떤 사람들은 동전이나 우표를 수집하고, 또 어떤 사람들은 영화나 음악을 감상합니다. 운동이나 여행을 즐기는 사람도 있습니다. 하지만 돈이나 시간 때문에 취미 생활을 못하는 사람도 있습니다.

사람들은 왜 취미 생활을 하는 것일까요? 가장 큰 이유는 취미**를 통해** 즐거움을 얻기 때문입니다. 취미 생활은 자신이 좋아서 하는 일이기 때문에 스트레스를 주지 않습니다. 오히려 스트레스를 푸는 데 도움을 줍니다. 그러므로 몸과 마음의 건강을 위해 취미 생활을 하는 것이 좋습니다.

제 3 과 직장 생활

도 입

다음 그림을 보고 이야기해 봅시다.

1. 여러분은 어렸을 때 무슨 일을 하고 싶었습니까?

2. 사회에서 존경받는 직업에는 어떤 것이 있습니까?

3. 여러분이 원하는 직업을 갖기 위해서 무엇을 준비해야 합니까?

듣고 말하기

다음 질문에 답하십시오.

1. 다음과 관계있는 것을 고르십시오.

입사	신입 사원	과장	홍보부	회식

☐ 대학원 ☐ 광고 ☐ 회사 ☐ 월급

2. 바르게 연결하십시오.

입사하다	어떤 것을 사용하거나 이용하기 위하여 미리 약속하는 것
홍보하다	사원이 되어 회사에 들어가는 것
담당하다	상품이나 사업 등을 널리 알리는 것
전공하다	어떤 책임을 맡아 하는 것
예약하다	어떤 학문을 전문적으로 연구하는 것

다음 대화를 잘 듣고 질문에 답하십시오.

1. 다음 빈칸을 채우십시오.

(1) ＿＿＿＿ 우리 과에서 해외 홍보를 담당하게 되었습니다.

(2) 저는 ＿＿＿＿ 새로 입사한 빌리 화이트라고 합니다.

(3) ＿＿＿＿ 열심히 하셨나 봐요.

2. 지금 빌리는 무엇을 하고 있습니까?

☐ 상품 판매 ☐ 자기 소개 ☐ 면접 시험 ☐ 제품 홍보

3. 빌리는 앞으로 회사에서 어떤 일을 합니까?

4. 오늘 저녁에 무슨 모임이 있을까요?

짝활동 친구에게 다음 내용을 질문한 후, 친구를 소개해 봅시다.

이 름		국적과 고향	
전 공		장래 희망	
지금 사는 곳		(　　　　)	

듣기 과제 1

잘 듣고 질문에 답하십시오.

1. 다음 빈칸을 채우십시오.

(1) 하루 종일 바쁘기는 한데, 아직 ＿＿＿＿＿＿ 잘 모르겠어.

(2) 아직 한국말이 ＿＿＿＿＿＿ 수업 내용을 이해하기가 힘들어.

(3) 힘들기는 하지만 새로운 걸 많이 ＿＿＿＿＿＿ 수 있어서 재미있어.

2. 민정이는 누구입니까?

☐ 나오코의 대학원 선배　　☐ 나오코의 대학원 친구
☐ 빌리의 직장 동료　　☐ 빌리의 직장 선배

3. 들은 내용과 다른 것을 고르십시오.

☐ 빌리는 회사원이다.　　☐ 나오코는 대학원생이다.
☐ 빌리는 회사에 다시 들어가야 한다.　　☐ 나오코는 내일 민정이를 만날 예정이다.

자　입사하다　홍보　담당하다　신입 사원　회식　예약　호프집　서투르다
발표　리포트　잠깐　자료　정리하다

문 법

1 동작동사 나 보다, 상태동사 (으)ㄴ가 보다

빌리 씨가 일을 열심히 하나 봐요. 매일 퇴근을 늦게 해요.
비빔밥이 너무 매운가 봐요. 물을 많이 마시는군요.
옛날에는 이 거리가 정말 화려했나 봐요.
그 사람은 아직 미혼인가 봅니다.
난로에 기름이 없나 봐요. 불이 꺼졌어요.

다음 문장을 완성하십시오.

1. 빌리 씨가 ＿＿＿＿＿＿＿＿. 아침에 약을 먹고 있었어요.
2. 나오코는 요즘 기분이 ＿＿＿＿＿＿＿＿. 잘 웃지 않아요.
3. 저녁 밥을 너무 많이 ＿＿＿＿＿＿＿＿. 자꾸 배가 아파요.

2 동사 네요

민정이는 정말 똑똑한 학생이네요.
신나는 음악을 들으니까 기분이 좋네요.
어떡하지요? 영철이가 지금 집에 없네요.

다음 대화를 완성하십시오.

1. 가 : 어느 것이 더 마음에 드세요?
   나 : ＿＿＿＿＿＿＿＿
2. 가 : 선물을 받은 기분이 어때요?
   나 : ＿＿＿＿＿＿＿＿
3. 가 : ＿＿＿＿＿＿＿＿
   나 : 그럼, 늦지 않게 택시를 탑시다.

3 동사 잖아요

가: 한국 사람들은 등산을 참 좋아하는 것 같아요.
나: 건강에 좋잖아요.

가: 웬일로 모자를 쓰셨어요?
나: 날씨가 춥잖아요.

가: 민정 씨가 요즘 정말 날씬해졌어요.
나: 다이어트를 하고 있잖아요.

다음 대화를 완성하십시오.

1. 가 : 또 순두부찌개를 드세요?
   나 : ____________________
2. 가 : 왜 담배를 끊었어요?
   나 : ____________________
3. 가 : 한국말을 아주 잘 하시네요.
   나 : ____________________

4 동사 았었/었었

마이클 씨가 어제 여기에 왔었습니다.
학교 주소를 알았었는데, 지금은 기억이 나지 않아요.
처음에는 요를 깔고 자는 것이 몹시 불편했었습니다.

다음 문장을 완성하십시오.

1. 전에는 한국어 공부가 너무 ____________________. 그런데 지금은 아주 재미있어요.
2. 젊었을 때는 낚시를 ____________________. 하지만 한 번 물에 빠지고 나서는 가지 않게 되었어요.
3. 어렸을 때는 노벨상을 타는 것이 ____________________

5 동작동사 아/어 놓다/두다

문을 열어 놓고 외출하면 어떻게 하니?
그 친구 연락처를 적어 두셨어요?
영철이는 늘 먼저 나와서 사무실을 청소해 놓는다.

다음 문장을 완성하십시오.

1. 어머니께서 저녁을
2. 더우니까 에어컨을 미리
3. 벽에 가족 사진을

6 (아무리) 동사 아/어도

아무리 힘들어도 오늘까지 일을 마쳐야 해요.
바쁘셔도 회의에는 꼭 참석해 주십시오.
저희 아버지는 아무리 늦게 주무셔도 아침 일찍 일어나십니다.

〈보기〉와 같이 두 문장을 연결하십시오.

〈보기〉 날씨가 춥다 / 학교에 가다
➡ 아무리 날씨가 추워도 학교에 가야 합니다.

1. 입맛이 없다 / 아침을 먹다
➡
2. 기분이 나쁘다 / 참다
➡
3. 기다리다 / 친구가 오지 않다
➡

7 동작동사 자마자

서울에 도착하자마자 부모님께 전화를 드렸습니다.
아침에 일어나자마자 물을 마시면 건강에 좋아요.
그 사람을 보자마자 첫눈에 반했어요.

다음 대화를 완성하십시오.

1. 가 : 언제 여행을 갔다 왔어요?
   나 : 시험이

2. 가 : '쉬리' 라는 영화 봤어요?
   나 : 네,

3. 가 : 그 홈페이지 주소를 기억하세요?
   나 : 아니요,

8 동사 (으)ㄴ/는지 (알다/모르다)

이 책이 얼마인지 아세요?
어제 집에 누가 다녀 갔는지 잘 모르겠습니다.
왜 이렇게 사람이 많은지 모르겠군요.
어제 몇 시에 잤는지 기억이 안 나요.

다음 대화를 완성하십시오.

1. 가 : 언제 출국할 예정이에요?
   나 : 준비를 다 못해서

2. 가 : 출입국관리사무소 전화번호는 몇 번입니까?
   나 : 위치는 알지만

3. 가 : 이번 주말에 등산을 갈까요?
   나 : 이번 주에는 다른 약속이 있어서

9 동사 (으)ㄴ/는 만큼 명사 만큼

사람은 누구나 주는 만큼 받기를 원한다.
내 딸은 얼굴이 예쁜 만큼 마음씨도 고와요.
다른 나라의 문화를 이해하는 건 생각만큼 쉽지 않다.

듣기 과제 2

다음 질문에 답하십시오.

아르바이트생 구함

- **인원** : 남/여 ○명
- **근무 시간** : 오후 7시 ~ 10시
- **급여** : 시간당 3,000원
- **연락처** : 경희 분식 (☎ 972-8463)

1. 무슨 광고입니까?

2. 어떤 일을 하게 될지 모두 고르십시오.

□ 빨래	□ 서빙	□ 배달	□ 청소
□ 요리	□ 복사	□ 설거지	□ 번역

잘 듣고 질문에 답하십시오.

1. 다음 빈칸을 채우십시오.

   (1) 나오코, 어디 ______

   (2) 네, 요즘 번역 아르바이트를 ______

   (3) 돈을 좀 모아서 방학 때 여행을 ______

2. 나오코가 하는 일은 무엇입니까?

3. 들은 내용과 같은 것을 고르십시오.

   □ 나오코와 한수는 같은 회사에서 일한다.
   □ 나오코의 월급은 별로 많지 않다.
   □ 나오코는 월급을 받으면 여행을 갈 생각이다.
   □ 나오코는 주로 회사에서 일한다.

모둠 활동 다음 설문 조사를 실시한 후 친구들과 이야기해 봅시다.

4명씩 팀을 짜서 20명의 학생에게 다음 내용을 조사한 후 발표하도록 해 주십시오.

설문 조사

성별 : 남 / 여 　　　　　　　　　　나이 : _____ 세

1. 아르바이트를 해 본 경험이 있습니까? (예 / 아니오)

   ※ '예' 라고 대답하신 분만 계속해 주십시오.

2. 무슨 일을 했습니까?

   ____

3. 얼마를 받았습니까? (시간당)

   □ 2,000원 이하　　□ 2,100원 ~ 3,000원　　□ 3,100원 이상

4. 다시 아르바이트를 한다면 어떤 일을 하고 싶습니까?

   ____

아르바이트 경험

많이 하는 일

월급

하고 싶은 일

시간　번역　월급　구하다　일자리

읽고 말하기

다음 글을 읽고 질문에 답하십시오.

직업의 조건

사람은 누구나 나이를 먹으면 직업을 갖게 된다. 직업을 고를 때 사람들은 어떤 조건을 고려할까? 직업을 선택하는 조건에는 월급, 사회적 가치, 적성 등이 있다. 가장 먼저 생각하게 되는 것은 월급이다. 일을 통해 번 돈으로 의식주를 해결하기 때문이다. 그러므로 적은 일을 하고 많은 돈을 벌 수 있으면 좋은 직업이라고 할 수 있다.

직업을 선택하는 또 다른 조건은 보람과 사회적 가치이다. 힘이 들어도 다른 사람에게 도움을 줄 수 있으면 그 일은 가치 있는 일이다. 경찰관, 소방관, 청소부, 집배원 등은 월급은 적지만 사회에서 없어서는 안 될 중요한 일이다. 우리는 직업을 선택할 때 자신의 일이 다른 사람에게 도움이 되는 일인지 생각해 봐야 한다.

하지만 무엇보다 중요한 조건은 개인의 적성이다. 다른 조건이 좋아도 적성에 맞지 않아 즐겁게 일할 수 없다면 오래 하기 힘들고, 스스로 만족하기도 어렵다. 이와 같은 조건에 맞는 일을 직업으로 갖게 된다면 우리는 좀 더 행복하게 생활할 수 있을 것이다.

1. 직업을 선택하는 조건에는 무엇이 있습니까?

2. 적성이 가장 중요한 이유는 무엇입니까?

3. 위에서 말한 조건 외에 고려해야 할 점에는 어떤 것이 있을까요?

짝 활동 여러분이 원하는 직업에 대해 이야기해 봅시다.

이름	직업	월급	사회적 가치	(　　　　)

다음 글을 읽고 질문에 답하십시오.

지각대장 김 대리

깜짝 놀라서 시계를 보니까 벌써 8시 30분이었습니다.

'앗! 지각이다.'

세수도 못하고 급한 마음에 넥타이를 들고 밖으로 뛰어 나왔습니다. 지하철역으로 달려가서 열차를 기다리는데, 오늘은 이상하게 지하철도 빨리 오지 않았습니다. 9시쯤 겨우 지하철을 탔습니다.

'어휴, 어제도 지각해서 과장님께 야단 맞았는데, 오늘 또 지각이구나.'

그 때였습니다. 갑자기 아랫배가 아파 왔습니다.

'이걸 어떻게 하지? 화장실에 갔다 오면 너무 늦을 것 같은데.'

하지만 배가 너무 아팠기 때문에 도중에 열차에서 내려 화장실을 찾아갔습니다. 저기 멀리 표지판이 보였습니다. "화장실, 앞으로 200m"

힘들게 회사에 도착했을 때는 출근 시간보다 2시간이나 늦었습니다. 사무실에 들어가자마자 과장님과 눈이 딱 마주쳤습니다.

"어, 김 대리. 거래처 갔다 오나 보지? 사장님이 찾으시니까 빨리 가 봐."

이게 웬일입니까? 너무 늦게 오니까 다른 곳에서 일하고 온 것으로 생각하시는 겁니다. 그 때 나는 생각했습니다.

'다음부터는 지각을 할 것 같으면 2시간 정도 늦게 와야겠다.'

1. 오늘 아침에 김 대리가 지각한 이유를 모두 고르십시오.

- ☐ 늦잠을 잤다.
- ☐ 지하철이 늦게 왔다.
- ☐ 오다가 화장실에 갔다.
- ☐ 오다가 사장님을 만났다.

2. 위의 내용과 다른 것을 고르십시오.

- ☐ 김 대리는 오늘 세수를 못했다.
- ☐ 김 대리는 회사에 두 시간이나 지각을 했다.
- ☐ 김 대리는 과장님에게 야단을 맞았다.
- ☐ 김 대리는 지각을 자주 한다.

3. 김 대리는 앞으로 어떻게 하기로 결심했습니까?

짝 활동 황당한 일을 겪은 적이 있습니까? 다음 빈칸을 채우고 이야기해 봅시다.

누가		언제	
어디서		왜	
어떤 일			

조건 나이를 먹다 고려하다 가치 적성 의식주 해결하다 보람 경찰관 소방관
청소부 집배원 스스로 지각대장 대리 급하다 달려가다 열차 겨우 과장님
야단 맞다 아랫배 멀리 표지판 출근 딱 마주치다 거래처 사장님 웬일

쓰 기

밑줄 친 부분을 바르게 고치고, (　　)안에 알맞은 말을 〈보기〉에서 골라서 넣으십시오..

〈보기〉 특히 　 그리고 　 그 때 　 그래서

① 저는 중국에서 오는 왕영이라고 합니다.

② 저는 1980년에 중국 북경에서 태어났습니다.

③ 자상하시는 어머니와 엄격하시는 아버지 밑에서 "약속을 지키는 사람이 돼라."는 말씀을 들으면서 자랐습니다.

④ 초등학교와 중고등학교를 다니는 때는 책 읽은 것을 좋아했습니다.

⑤ (　　　　) 중학교 때 읽는 헤밍웨이의 "누구를 위하여 종을 울리나"는 아직도 잊을 수가 없습니다.

⑥ 어리는 때부터 기계에 관심이 많아서 대학도 기계공학과를 선택했습니다.

⑦ (　　　　) 4년 동안 친구들과 함께 사회 봉사 동아리에서 활동하는 경험도 있습니다.

⑧ 제가 한국을 처음 방문하는 것은 대학교 3학년 때입니다.

⑨ (　　　　) 한국의 정보통신 산업이 발달하는 것을 보고 꼭 한국에서 일을 하고 싶었습니다.

⑩ 대학을 졸업하는 후에 한국에서 1년 6개월 동안 한국어 연수를 했습니다.

⑪ (　　　　) 지금은 한국어를 말하거나 들을 때 불편하는 점은 없습니다.

⑫ 제가 만약 귀사에 입사하게 된다면 최선을 다해 열심히 일하겠습니다.

자기 소개

저는 중국에서

위의 글을 참고하여 자기 소개서를 쓰십시오.

태어나다　자상하다　엄격하다　자라다　기계공학과　봉사　동아리　활동하다
방문하다　정보통신　산업　발달하다　연수　귀사　최선을 다하다

주 도 (酒 道)

술은 지나치게 많이 마시면 실수를 하거나 건강을 해칩니다. 하지만 적당히 마시면 긴장을 풀어주고 대인관계를 원만히 하는 데 도움을 줍니다. 술을 마실 때에는 예의를 지켜야 합니다. 이것을 '주도(酒道)'라고 합니다. 어른과 함께 술을 마실 때에는 특히 주도를 잘 지켜야 합니다.

술자리에서는 어른의 잔에 먼저 술을 따라 드려야 합니다. 술을 따를 때는 한 손으로 술병을 잡고 다른 한 손으로는 가볍게 술병을 받칩니다. 이 때 술이 튀거나 넘치지 않도록 조심해야 합니다. 한국에서는 어른께 물건을 드리거나 받을 때 항상 두 손을 사용하는데, 술을 따를 때에도 마찬가지입니다.

술을 받을 때에도 두 손으로 공손하게 받아야 합니다. 술잔에 술이 모두 차면 어른의 제안에 따라 가볍게 술잔을 부딪치고 술을 마십니다. 술을 마실 때는 어른이 계신 방향에서 살짝 얼굴을 돌려 마시는 것이 예의입니다. 또 술잔이 완전히 비기 전에는 다시 술을 따르지 않습니다.

술을 잘 못 마시는 사람은 술을 못 한다고 미리 말하는 것이 좋습니다. 그러면 주변 사람들이 억지로 술을 권하지 않을 것입니다.

듣기 지문

듣고 말하기 p. 43

과　장 : 자, 여러분. 잠깐만요. 이 분은 이번에 새로 입사한 빌리 화이트 씨예요. 앞으로 우리 과에서 해외 홍보를 담당하게 되었습니다. 빌리 씨, 자기 소개 좀 부탁해요.

빌　리 : 안녕하세요. 저는 이번에 새로 입사한 빌리 화이트라고 합니다. 고향은 미국 뉴욕이고, 지금은 회기동에 살고 있습니다. 대학에서 경영학을 전공했고, 경희대학교에서 1년 동안 한국어를 공부했습니다. 여러분과 같이 일하게 되어서 정말 기쁩니다. 앞으로 잘 부탁드립니다.

영　철 : 한국어 공부를 열심히 하셨**나 봐요**. 한국말을 정말 잘 하시**네요**. 과장님! 신입 사원도 왔는데, 회식 안 해요? 이번 달에는 한 번도 안 **했잖아요**. 전에는 회식도 자주 **했었**는데…… .

과　장 : 내가 벌써 예약을 **해 놓았어요**. 특별한 약속이 없는 사람들은 퇴근 후 길 건너 호프집으로 7시까지 오세요. 오늘 술은 내가 살게요.

듣기 과제 1 p. 44

나오코 : 정말 오랜만이다. 회사 생활은 어때?

빌　리 : 하루 종일 바쁘기는 한데, 아직 뭐가 뭔지 잘 모르겠어. 대학원 생활은 재미있니?

나오코 : 아직 한국말이 서툴러서 수업 내용을 이해하기가 힘들어.

빌　리 : 그래? 그럼, 발표나 리포트는 어떻게 해?

나오코 : 민정이라는 친구가 많이 도와주고 있어. 이따가 만나기로 했는데, 같이 갈까?

빌　리 : 오늘은 안 될 것 같아. 회사에 다시 돌아가 봐야 돼.

나오코 : 왜? 퇴근한 것 아니야?

빌　리 : 아니, 너 만나려고 잠깐 나온 거야. 다시 돌아가서 내일 회의에 쓸 자료를 정리해야 돼.

나오코 : 회사 생활도 대학원 생활**만큼** 힘들구나.

빌　리 : 힘들기는 하지만 새로운 걸 많이 경험할 수 있어서 재미있어.

나오코 : 그래, 빨리 들어가 봐. 다음에 또 연락할게.

듣기 과제 2 p. 49

한 수 : 나오코, 어디 가는 길이니?

나오코 : 아, 안녕하세요, 선배님. 회사에 가는 길이에요.

한 수 : 회사?

나오코 : 네, 요즘 번역 아르바이트를 하고 있어서요.

한 수 : 그래? 월급은 많이 주니?

나오코 : 아직 얼마나 받**을지** 잘 **모르겠지만**, 집에서 할 수 있는 일이어서 좋아요.

한 수 : 월급 받으면 뭐 할 건데?

나오코 : 돈을 좀 모아서 방학 때 여행을 하려고 해요.

한 수 : 그렇구나. 나도 요즘 아르바이트를 구하고 있는데, 생각보다 일자리 얻기가 힘드네.

나오코 : 그래요? 제가 다니는 회사에서 아르바이트생을 구하고 있는데, 선배님이 괜찮으시면 얘기해 볼게요.

한 수 : 그래, 고마워.

제 4 과 환 불

도 입

다음 그림을 보고 이야기해 봅시다.

1

2

3

4

1. 주로 어디에서 쇼핑을 합니까?

2. 왜 그 곳에 자주 갑니까?

3. 쇼핑할 때 어려운 점은 무엇입니까?

듣고 말하기

다음 질문에 답하십시오.

1. 다음과 관계있는 것을 고르십시오.

교환하다　　쇼핑하다　　환불하다　　판매하다　　구입하다

☐ 우체국　　☐ 백화점　　☐ 은행　　☐ 극장

2. 알맞은 것끼리 연결하십시오.

냉장고, 컴퓨터, 세탁기	식품 매장
치마, 양복, 와이셔츠	패션 잡화 매장
운동화, 축구공	의류 매장
구두, 화장품, 반지	스포츠 용품 매장
고기, 생선, 야채, 통조림	가전제품 매장

다음 대화를 잘 듣고 질문에 답하십시오.

1. 다음 빈칸을 채우십시오.

(1) 그저께 이 친구가 여기서 옷을 샀는데, 작아서 ＿＿＿＿ 해서요.

(2) 집에서 입어 보니까 ＿＿＿＿

(3) 일주일이 ＿＿＿＿ 환불을 해 드리겠습니다.

2. 나오코가 약속에 <u>늦은</u> 이유를 고르십시오.

☐ 버스가 늦게 오는 바람에　　☐ 아침에 늦게 일어나는 바람에

☐ 급한 약속이 생기는 바람에　　☐ 갑자기 전화가 오는 바람에

3. 나오코가 옷을 교환하려는 이유를 고르십시오.

- ☐ 약간 작아서
- ☐ 약간 커서
- ☐ 색깔이 마음에 들지 않아서
- ☐ 디자인이 마음에 들지 않아서

짝 활동 물건을 환불하고 싶습니다. 빈칸을 채우고 환불 카드를 작성해 봅시다.

성명		물건	
가격		구입 장소	
환불 사유			

[환 불 카 드]

고 객 명	
주 소	(-)
전화 번호	( )
환불 사유	
환불 방법 선택	☐ 현금 ☐ 신용 카드 ☐ 계좌 송금 ☐ 백화점 카드
카드 환불 시 카드 번호	________ 카드:
계좌 송금 시 계좌 번호	________ 은행:

듣기 과제 1

잘 듣고 질문에 답하십시오.

1. 다음 빈칸을 채우십시오.

(1) 열차 출발 이틀 전까지는 전액 ________

(2) 하루 전부터 열차 출발 직전까지는 10%의 ________ 됩니다.

(3) 열차 출발 후에는 반액만 ________, 열차 도착 시간을 지나면 환불이 ________

2. 민정이가 구입한 열차 표의 내용을 쓰십시오.

- 출발지 :
- 도착지 :
- 열차의 종류 :
- 매수 :

3. 들은 내용과 같은 것을 고르십시오.

- ☐ 열차 출발 이틀 전까지는 수수료가 없다.
- ☐ 하루 전부터 열차 출발 전까지는 50%를 내야 한다.
- ☐ 열차가 출발하면 환불이 되지 않는다.
- ☐ 열차 표를 구입한 역에서 환불해야 한다.

팔리다 넘다 영수증 성함 무궁화호 열차 사정 전액 가능하다 직전 수수료 반액

문 법

1 동작동사 는 바람에

차가 갑자기 멈추는 바람에 이마를 다쳤어요.
열쇠를 잃어버리는 바람에 집에 들어가지 못했어요.
컴퓨터가 다운되는 바람에 자료가 다 날아갔어요.

다음 대화를 완성하십시오.

1. 가 : 어제 왜 잠을 못 잤어요?
   나 :
2. 가 : 왜 이렇게 늦게 왔어요?
   나 :
3. 가 : 감기가 심하게 걸리셨네요.
   나 :

2 얼마나 동사 (으)ㄴ/는지 모르다

우리 집 강아지가 없어져서 얼마나 놀랐는지 몰라요.
합격 통지서를 받고 얼마나 기뻤는지 몰라요.
저에게 이런 큰 상을 주셔서 얼마나 고마운지 모르겠습니다.

〈보기〉와 같이 바꾸어 쓰십시오.

〈보기〉 그 여자는 눈이 아주 큽니다. ➡ 그 여자는 눈이 얼마나 큰지 몰라요.

1. 도쿄와 런던은 물가가 아주 비싸요.
   ➡
2. 출퇴근 시간에는 지하철이 매우 편리해요.
   ➡
3. 나오코 씨의 한국어 실력이 정말 좋아졌어요.
   ➡

3 동사 더라/더군요

어제 사무실에 갔었는데 안 계시더군요.
아침에 일어나 보니까 밤새 비가 많이 왔더군요.
월드컵 결승전을 봤는데 역시 수준이 높더라.

〈보기〉와 같이 바꾸어 쓰십시오.

〈보기〉 친구가 재미있는 책을 주었습니다. ▶ 친구가 재미있는 책을 주더군요.

1. 형 생일 파티에 친구들이 많이 왔습니다.
   ▶
2. 어제 선 본 아가씨는 참 예뻤습니다.
   ▶
3. 민정 씨가 밤늦게까지 공부를 했습니다.
   ▶

4 동작동사 (으)ㄹ까 하다

결혼 십 주년 기념으로 해외 여행을 다녀올까 합니다.
퇴직금으로 작은 식당을 운영해 볼까 합니다.
한국어 공부를 열심히 해서 한국어능력시험을 볼까 해요.

여러분은 어떤 계획을 가지고 있습니까? 이야기해 보십시오.

1. 수업이 끝난 후에
   ▶
2. 이번 주말에
   ▶
3. 졸업 후에
   ▶

5 동사 거든요

가: 산에 자주 가시나 봐요.
나: 제 취미가 등산이거든요.

가: 뭘 먹을까요?
나: 갈비탕이 어때요? 이 집은 갈비탕이 유명하거든요.

가: 사장님 계십니까?
나: 지금 잠깐 외출하셨거든요. 오후에 다시 전화해 주시겠어요?

다음 대화를 완성하십시오.

1. 가 : 요즘 왜 수영장에 오지 않으세요?
   나 :
2. 가 : 피곤해 보이시네요.
   나 :
3. 가 : 기분 좋은 일이 있으신 것 같군요.
   나 :

6 아무 명사 도, 아무 명사 (이)나

교실에 아무도 없었어요.
동생을 찾아 봤지만 아무 데도 없었어요.
맵지 않은 음식이라면 아무거나 괜찮아요.

다음 대화를 완성하십시오.

1. 가 : 가방 안에 뭐가 있었습니까?
   나 :
2. 가 : 무슨 색깔로 드릴까요?
   나 :
3. 가 : 언제 전화 드리면 될까요?
   나 :

7 동작동사 나요?/ 상태동사 (으)ㄴ가요?

지금 뭐 하시나요?
이 모델은 성능이 좋은가요?
여름 휴가는 즐거우셨나요?

8 명사 에 따르면

통계청 자료에 따르면 지난 해 교통사고가 크게 줄었다고 합니다.
오늘 신문 기사에 따르면 올해 취업률이 10% 정도 증가할 것이라고 합니다.
부모님 말씀에 따르면 1960년대에는 생활이 아주 어려웠다고 합니다.

9 명사 에 비해(서)

울릉도는 다른 지방에 비해서 눈이 많이 내린다.
한국은 다른 나라에 비해 대중 교통 요금이 싸다.
서양화는 동양화에 비해 색깔이 화려하다.

듣기 과제 2

다음 질문에 답하십시오.

1. 바르게 연결하십시오.

아무래도	다른 사람이 이미 사용한 물건
마침	어떤 일이나 상품을 책임지고 증명하는 것
중고	어떤 경우나 시간에 꼭 알맞게
알아보다	조사하거나 살펴보다
보증	아무리 생각해 봐도

잘 듣고 질문에 답하십시오.

1. 다음 빈칸을 채우십시오.

(1) 거기 가면 ______ 살 수 있나요?

(2) 마침 제가 잘 아는 집이 있는데 ______

(3) 중고는 보통 6개월 정도 ______

2. 영철은 빌리에게 어디를 소개해 주었습니까?

- ☐ 백화점
- ☐ 회사 근처 상점
- ☐ 전문 상가
- ☐ 재래 시장

3. 품질 보증 기간에 대한 내용으로 맞는 것을 고르십시오.

- ☐ 보통 일 년 이상이다.
- ☐ 보증 기간이 따로 없다.
- ☐ 중고품은 6개월 정도이다.
- ☐ 중고품은 보증을 해 주지 않는다.

짝 활동 도움을 요청했던 경험에 대해 이야기해 봅시다.

이 름	빌리	
이 유	중고 노트북을 사고 싶었다.	
누구에게	영철 씨	
자신이 한 말	"중고 노트북을 하나 사고 싶은데 어디에서 사면 좋을까요?"	
조언 내용	1. 전문 상가에서 사는 것이 좋다. 2. 보증 기간을 잘 알아봐야 한다.	

노트북 아무래도 전문 상가 중고 알아보다 마침 애프터서비스 보증

읽고 말하기

다음 글을 읽고 질문에 답하십시오.

환불은 어떻게?

물건을 산 후 구입한 물건이 마음에 들지 않아 교환이나 환불을 할 때가 있다. 소비자 보호법에 따르면 물건 자체에 문제가 있을 때는 구입 후 10일 이내에 물건을 교환하거나 환불할 수 있다고 한다. 의류의 경우에는 구입한 지 7일 이내에 교환이 가능하다. 하지만 산 지 일주일이 지났거나 세탁을 한 경우에는 교환할 수 없다.

환불의 경우는 조금 다르다. 백화점이나 대형 할인점에서는 영수증만 있으면 일주일 이내에 환불이 가능하다. 그러므로 물건을 구입했을 때에는 영수증을 반드시 보관해야 한다. 하지만 재래 시장이나 작은 가게에서는 환불을 거의 해 주지 않는다. 그러므로 특히 재래 시장이나 작은 가게에서 옷을 살 때에는, 반드시 입어 보고 바느질 상태 등을 꼼꼼하게 살펴본 후 구입해야 한다.

1. 교환이나 환불을 하는 경우는 언제인지 모두 고르십시오.

- ☐ 구입한 물건이 비쌌을 때
- ☐ 구입한 물건이 마음에 들지 않을 때
- ☐ 구입한 물건에 문제가 있을 때
- ☐ 구입한 물건이 싫증났을 때

2. 환불할 수 <u>없는</u> 경우를 모두 고르십시오.

- ☐ 일주일 전에 산 양복
- ☐ 한 달 전에 산 시계
- ☐ 바느질이 잘못된 치마
- ☐ 세탁을 한 바지

3. 위의 내용과 <u>다른</u> 것을 모두 고르십시오.

- ☐ 물건 자체에 문제가 있을 때에는 환불할 수 있다.
- ☐ 백화점에서는 언제든지 환불이 가능하다.
- ☐ 재래 시장에서는 교환을 해 주지 않는다.
- ☐ 환불을 할 때는 영수증이 필요하다.

짝 활동 다음 물건을 살 때 특히 주의해야 할 점은 무엇입니까?

물건 종류	주의해야 할 점
의류	
식품	
전자제품	

다음 글을 읽고 질문에 답하십시오.

변화하는 쇼핑 문화

최근 쇼핑 문화가 빠르게 변하고 있다. 먼저 이삼십 대를 중심으로 쇼핑 시간이 달라지고 있다. 젊은이들은 동대문시장을 중심으로, 맞벌이 부부들은 대형 할인점을 중심으로 밤 쇼핑을 즐기고 있다. 쇼핑 장소도 백화점이나 재래 시장에서 대형 할인점이나 전문 상가 등으로 다양화되고 있다. 대형 할인점은 백화점에 비해서는 값싸게, 재래 시장에 비해서는 편리하게 물건을 구입할 수 있다. 용산 전자상가나 테크노마트와 같은 전문 상가는 한 장소에서 다양한 물건을 살펴보고 쇼핑을 즐길 수 있기 때문에 인기가 좋다. 이 밖에도 쇼핑할 시간이 없는 사람들을 위한 인터넷 쇼핑, TV 홈쇼핑 등의 쇼핑 방법도 큰 인기를 얻고 있다.

재래 시장을 이용하는 사람들은 점점 줄고 있지만, 특별한 상품을 취급하는 곳은 아직도 인기가 많다. 농산물은 가락시장, 수산물은 노량진시장, 각종 약재는 경동시장, 꽃은 양재꽃시장이 특히 유명하다.

1. 최근에는 쇼핑 문화가 어떻게 변화하고 있습니까? 빈칸을 채우십시오.

	예 전	요 즘
쇼핑 시간		
쇼핑 장소		
쇼핑 방법		

2. 대형 할인점이 인기 있는 이유는 무엇입니까?

3. 어디에서 사는 것이 좋은지 연결하십시오.

녹용, 인삼, 대추	가락시장
무궁화, 선인장, 국화	노량진시장
배추, 귤, 수박	경동시장
오징어, 명태, 조개	양재꽃시장

짝활동 한국의 시장 중에서 추천하고 싶은 곳을 친구에게 소개해 봅시다.

시장 이름	
주로 파는 물건	
좋은 이유	
찾아가는 방법	

소비자 보호법 자체 이내 대형 할인점 반드시 보관하다 바느질 상태 꼼꼼하다 살피다 최근 달라지다 젊은이 맞벌이 다양화되다 줄다 취급하다 농산물 수산물 각종 약재

쓰 기

( ) 안에 그림의 번호를 쓰고(그림이 없으면 ×표), 순서에 맞게 쓰십시오.

1. (①) 다음 주 토요일은 부모님의 결혼 기념일입니다.
2. ( ) 부모님이 기뻐하시는 모습을 생각했습니다.
3. ( ) 부모님께 드릴 선물을 골라서 주문을 했습니다.
4. ( ) 내용물을 확인하기 위해 상자를 열어 봤습니다.
5. ( ) 선물을 사러 학교 앞 시장에 나갔습니다.
6. ( ) 아무리 찾아봐도 선물은 보이지 않았습니다.
7. ( ) 은행에 가서 돈을 찾았습니다.
8. ( ) 며칠 후에 선물이 도착했습니다.
9. ( ) 택배 아저씨로부터 물건을 받았습니다.
10. ( ) 하지만 배달된 포장지 안에는 아무 것도 없었습니다.

1 → → → → → → → → → →

위의 글에 이어질 이야기를 쓰십시오.

결혼 기념일　내용물　택배

경제와 속담

물건을 살 때 값이 너무 싸다면 한번쯤 의심해 볼 필요가 있다. 한국 속담 중에 '싼 게 비지떡'이라는 말이 있는데, 이는 값싼 물건치고 좋은 것이 없음을 뜻하는 말이다. 싸게 산 물건은 쉽게 고장이 나는 경우가 많아 결과적으로 돈만 허비하기 쉽다. 거리에서 파는 카세트 테이프나 지하철에서 파는 각종 물건들을 싼 맛에 샀다가 제대로 써 보지도 못하고 버리게 된 경험은 누구나 한 번쯤 가지고 있을 것이다.

하지만 무조건 비싼 물건을 선호하는 것도 문제이다. 물건을 살 때에는 품질과 가격을 모두 고려하여 가장 합리적인 것을 고르는 것이 중요하다. 비슷한 가격이라면 더 좋은 물건을 고르는 것이 당연하다. 이와 관련된 속담으로 '같은 값이면 다홍치마'라는 말이 있는데, 이는 '가격이 같다면 품질이 더 좋은 것을 택한다'는 뜻이다. 원래 다홍치마란 새댁이 입는 곱고 귀한 옷이므로 같은 값이면 귀하고 좋은 것을 택한다는 뜻에서 유래한 것이다. 그래서 물건을 살 때에는 여기저기 알아보고 비교해서 고르는 것이 좋다.

듣기 지문

듣고 말하기 p. 60

〈거리에서〉

민 정 : 나오코 씨, 여기예요.

나오코 : 미안해요. 급한 전화가 오**는 바람에** 조금 늦었어요. 많이 기다렸어요?

민 정 : 아니요, 저도 조금 전에 왔어요.

나오코 : 지난 번 산 치마가 너무 작아서 교환하고 싶었는데, 이렇게 도와줘서 **얼마나 고마운지 모르겠어요**.

민 정 : 아니에요. 저도 오늘 쇼핑하려고 했어요.

〈백화점에서〉

판매원 : 어서 오세요. 어떤 걸 찾으세요?

민 정 : 저, 그저께 이 친구가 여기서 옷을 샀는데, 작아서 교환하고 싶다고 해서요.

나오코 : 집에서 입어 보니까 좀 작**더군요**. 한 사이즈 더 큰 걸로 바꿀 수 있을까요?

판매원 : 잠깐만 기다려 보세요.
죄송합니다만, 그 사이즈는 모두 팔리고 없네요.

나오코 : 그럼, 환불이 되**나요?**

판매원 : 일주일이 넘지 않았으니까 환불을 해 드리겠습니다. 영수증은 가지고 오셨죠?

나오코 : 네, 여기 있어요.

판매원 : 그럼 여기 환불 카드에 성함하고 주소를 적어 주세요.

듣기 과제 1 p. 61

역무원 : 예, 감사합니다. 서울역입니다.

민 정 : 예, 어제 서울에서 부산으로 가는 무궁화호 열차 표를 두 장 구입했는데요, 사정이 생겨서 환불을 **할까 합니다**. 환불이 되나요?

역무원 : 출발 날짜가 언제죠?

민 정 : 25일인데요.

역무원 : 열차 출발 이틀 전까지는 전액 환불이 가능합니다.

민 정 : 하루 전에 환불하면 어떻게 되나요?

역무원 : 하루 전부터 열차 출발 직전까지는 10%의 수수료를 내셔야 됩니다. 열차 출발 후에는 반액만 환불해 드리고, 열차 도착 시간을 지나면 환불이 되지 않습니다.

민　정 : 환불은 어디에서 받을 수 있습니까?

역무원 : 어느 역에서나 가능하니까, 편리하신 역으로 가십시오.

민　정 : 알겠습니다. 고맙습니다.

듣기 과제 2 p. 66

빌 리 : 노트북 컴퓨터를 사고 싶은데, 어디에서 사면 좋을까요?

영 철 : 글쎄요. 회사 근처에도 컴퓨터를 파는 곳이 있지만, 아무래도 전문 상가에 가면 싸게 살 수 있을 거예요.

빌 리 : 거기 가면 중고 컴퓨터도 살 수 있나요?

영 철 : 물론이죠. 하지만 잘 알아보고 사야 돼요. 마침 제가 잘 아는 집이 있는데 소개해 줄까요?

빌 리 : 잘 됐네요. 고마워요. 요즘 컴퓨터 때문에 걱정이 많았**거든요**. 그런데 애프터서비스 기간은 보통 언제까지인가요?

영 철 : 중고는 보통 6개월 정도 보증을 해 줍니다.

빌 리 : 그러면 이번 주말에 한번 나가 봐야겠네요.

단어 맞추기

가로열쇠

1 프랑스 옆에 있는 섬나라의 이름입니다.

2 여러분이 지금 배우고 있는 것은 ○○어입니다.

6 여럿이 모여서 의논하는 것을 말합니다. 가끔 회사에 전화를 하면 "지금은 ○○○입니다. 1시간 후에 다시 전화해 주십시오."라고 합니다.

8 주로 거리에 있고, 편지를 넣는 빨간색 통입니다.

9 할 일을 미리 생각하여 정하는 것입니다. 입학 후의 ○○은 무엇입니까?

11 배와 함께 한국을 대표하는 과일입니다. 이것을 많이 먹으면 예뻐진다고 합니다.

12 잘 알지 못하여, 또는 주의하지 않아서 저지른 잘못을 말합니다.

13 어떤 사실을 알리는 것입니다. 우리는 불이 나면 소방서에 ○○하고, 도둑이 들면 경찰서에 ○○합니다.

14 아무리 ○○해도 1등을 할 수가 없었습니다.

16 목적지를 향해 떠나는 것입니다. 열차 ○○ 이틀 전까지는 전액 환불이 가능합니다.

17 별명을 즐겨 부르는 이유 중의 하나는 직접 ○○할 수 없는 단점이나 특성을 부드럽게 나타낼 수 있기 때문입니다.〈1과, 한국의 문화〉

19 여행하는 사람을 도와주는 회사입니다. 비행기 표를 예약할 수도 있고 여권 발급이나 비자 업무를 대신해 주기도 합니다.

20 얼굴의 생긴 모양을 보고 그 사람의 운명 등을 맞추는 것입니다.

21 어떤 일이 뜻밖에 빨리 일어날 때 쓰는 말입니다. 차가 ○○○ 멈추는 바람에 이마를 다쳤어요.

22 많은 비와 함께 강하게 부는 바람

세로 열쇠

1 영화에 출연하는 사람입니다. 여러분이 좋아하는 ○○○○는 누구입니까?

3 여러 나라의 경제, 정치, 외교적인 관계입니다. 나오코는 한국에 오기 전부터 ○○○○에 관심이 많았습니다.

4 얼굴 모양을 본 떠 만든 물건으로 안동 지방에서 유명합니다. 얼굴에 주름이 많으면 '○○○' 이라는 별명을 붙이기도 한다.〈1과, 한국의 문화〉

5 정신을 집중할 수 있는 힘입니다. 한수는 바둑이 ○○○을 키우는 데 좋다고 합니다.

7 운행 중이던 차가 다른 차에 부딪치거나 사람을 치는 사고를 말합니다.

10 아침마다 이것을 합니다. 얼굴을 씻는 일을 말합니다.

12 어떤 일을 해낼 수 있는 능력입니다. 여러분은 앞으로 "한국어 ○○이 많이 늘었네요."라는 말을 많이 듣게 될 것입니다.

13 좋은 인상을 주기 위해서 ○○은 걸을 때 소리가 크게 나지 않는 것을 신는 것이 좋습니다.

15 우리 교재 1과의 제목입니다.

16 공항에서 볼 수 있는 말입니다. 나라를 떠나서 밖으로 나가는 것을 말합니다.

17 민정이의 취미는 모형 ○○○를 만드는 것입니다.

18 법원에서 재판을 주관하는 사람입니다.

19 우리 교재의 주인공인 나오코는 ○○입니다. 남자의 반대말.

20 전시관이나 연극, 영화, 무용, 운동 경기 등을 구경하는 것입니다. 한국인의 취미 중에서 가장 많은 것이 감상 및 ○○입니다.

제5과 날씨와 생활

도 입

다음 그림을 보고 이야기해 봅시다.

1

2

3

4

1. 어떤 날씨를 좋아합니까?

2. 한국과 여러분 나라의 날씨는 어떻게 다릅니까?

3. 날씨와 생활은 어떤 관계가 있습니까?

듣고 말하기

다음 질문에 답하십시오.

1. 다음과 관계있는 것을 고르십시오.

안개　일교차　환절기　감기　가습기

□ 날씨　□ 여행　□ 계획　□ 유학

2. 알맞은 것끼리 연결하십시오.

항공기, 국제선	정류장
서울역, 기차	공항
버스, 교통 체증	정거장

다음 대화를 잘 듣고 질문에 답하십시오.

1. 다음 빈칸을 채우십시오.

(1) 나는 정확히 못 들었는데, 몇 시쯤 ____________ 했지?

(2) 그런데 요즘 왜 ____________ 안개가 자주 끼지?

(3) 일교차가 심해서 ____________

2. 비행기는 몇 시에 도착하겠습니까?

□ 8시 40분　□ 8시 50분

□ 9시 30분　□ 9시 50분

3. 비행기 도착이 늦어진 이유를 고르십시오.

□ 안개가 짙게 끼어서　□ 일교차가 심해서

□ 바람이 심하게 불어서　□ 서둘러 나오느라고

짝활동 다음 상황에 맞게 안내 방송을 해 봅시다.

〈보기〉

백화점에서 라면을 반짝 세일할 때

안내 말씀 드리겠습니다. 항상 저희 백화점을 이용해 주시는 고객 여러분께 감사드립니다. 저희 백화점에서는 금일 오후 5시부터 5시 30분까지 지하 식품 매장에서 라면 한 박스를 5,000원에 판매합니다. 많은 이용 바랍니다.

공원에서 잃어버린 아이를 찾을 때

....

....

....

내용 : 4세, 여자, 빨간 모자, 줄무늬 티셔츠, 청바지, 단발머리

듣기 과제 1

잘 듣고 질문에 답하십시오.

1. 다음 빈칸을 채우십시오.

(1) 환절기고 너무 ______ 그래요.

(2) 그럼, ______ 빨래를 ______ 주무세요.

(3) 민정 씨가 이렇게 걱정해 주니까 곧 ______

2. 나오코가 감기에 걸린 이유를 모두 고르십시오.

☐ 날씨가 따뜻해서 ☐ 환절기여서

☐ 너무 건조해서 ☐ 가습기를 틀고 자서

3. 가습기 대신 사용할 수 있는 것을 모두 고르십시오.

☐ 젖은 빨래 ☐ 물 그릇

☐ 따뜻한 차 ☐ 과일

안내 금일 예정 -발 -행 항공기 짙다 안개 지연되다 -경 양해(하다)
꽤 참 일교차 환절기 건조하다 가습기 틀다 널다 낫다

문 법

1 동사 던

하던 일을 마저 끝내고 나갑시다.
제가 자주 가던 찻집이 어느새 문을 닫았어요.
그 때 만났던 사람이 바로 우리 형부예요.

〈보기〉와 같이 두 문장을 연결하십시오.

〈보기〉 열쇠를 사용하다 / 그 열쇠를 잃어버리다
⇨ 사용하던 열쇠를 잃어버렸습니다.

1. 동생이 자전거를 타다 / 그 자전거가 고장나다
⇨
2. 언니가 옷을 입다 / 그 옷을 내가 입다
⇨
3. 어제 책을 읽다 / 그 책을 가방에 넣어 두다
⇨

2 상태동사 아/어지다

여름이 지나면 낮보다 밤이 길어집니다.
빨래를 깨끗이 하고 나면 기분이 좋아져요.
지하철이 많이 생겨서 교통이 편리해졌어요.
※이 옷은 실크로 만들어졌으니까 조심해서 입어야 해요.

다음 문장을 완성하십시오.

1. 날씨가 ________ (춥다) 겨울 옷을 준비해야 할 것 같아요.
2. 너무 부끄러워서 얼굴이 ________ (빨갛다)
3. 그 영화를 생각하면 나도 모르게 ________ (슬프다)

3 " 문장 "라고 하다

선생님께서 "수업 시간에는 한국말만 써야 해요."라고 말씀하셨습니다.
"그 동안 잘 있었어?"하고 빌리가 내게 인사했다.
그때 비서가 들어와서 "손님이 찾아오셨는데요."라고 했어요.

4 동사 (ㄴ/는)다고 하다

장마철에는 비가 많이 내린다고 합니다(내린답니다).
일주일 전에 철수를 만났는데 그 전날 부모님이 오셨다고 했어요(오셨댔어요).
그게 자기 책이 아니라고 합니다(아니랍니다).

5 동사 냐고 하다/묻다

무슨 계절을 좋아하냐고 합니다(좋아하냡니다).
여름 휴가 때 어디에 갈 거냐고 해요(갈 거내요).
지난 주말에 뭘 했냐고 물었습니다(했냡니다).

다음 문장을 간접 인용으로 바꾸어 쓰십시오.

1. 빌리 씨는 왜 아직 안 오죠?

➡

2. 어느 게 더 좋아요?

➡

3. 내일 날씨는 어떻습니까?

➡

다음을 간접 인용으로 바꾸어 쓰십시오.

이민정 씨는 나오코 씨의 **친구라고 합니다**(친구이다). 현재 석사 과정에서 국제 관계를 ____________________(공부하고 있다). 민정 씨의 취미는 모형 만들기와 ____________________(여행이다). 하지만 시간이 없어서 여행을 자주 가지는

_____________(못 하다). 지난 주말, 민정 씨는 나오코 씨와 함께 충주로 여행을 _____________(가기로 하다). 그래서 미리 차표를 예매하고 필요한 물건도 _____________(사 놓다). 그런데 여행을 떠나기 며칠 전부터 비가 내리기 _____________(시작하다). 예년보다 장마가 일찍 찾아왔기 _____________(때문이다). 민정 씨는 나오코 씨에게 _____________("어떻게 할까요?"). 나오코 씨는 _____________("여행을 연기하는 게 좋겠어요."). 그래서 두 사람은 여행을 미루고 차표도 _____________(환불하다). 하지만 장마가 끝나자마자 곧 여행을 _____________(떠나다).

6 동사 (으)ㄴ/는 걸 보니(까)

아기가 자꾸 우는 걸 보니까 어디가 아픈가 봐요.
전화를 안 받는 걸 보니까 아직 집에 안 들어온 것 같습니다.
밖이 시끄러운 걸 보니까 수업이 모두 끝났나 봅니다.

알맞은 것끼리 연결한 후 〈보기〉와 같이 한 문장으로 만드십시오.

1.	집에 일찍 가다	비가 오다
2.	값이 비싸다	무슨 사고가 나다
3.	날이 흐리다	공부를 열심히 하다
4.	한국어를 잘하다	몹시 피곤하다
5.	사람들이 많다	품질이 좋다

〈보기〉 1. 집에 일찍 **가는 걸 보니까** 몹시 피곤한가 봐요.

2.

3.

4.

5.

7 동사 (으)ㄹ 정도이다

사람이 날아갈 정도로 바람이 심하게 붑니다.
정신을 잃을 정도로 몹시 아팠어요.
한국어를 너무 잘해서 한국 사람으로 착각할 정도예요.

다음 문장을 완성하십시오.

1. 배가 너무 고파서
2. 책을 열심히 읽어서 거의
3. 너무 많이 변해서

8 ㅅ 불규칙

빨간 벽돌로 지은 집이 우리 집이에요.
모르는 단어에 밑줄을 그으세요.
하루 종일 걸어서 다리가 많이 부었습니다.
※벗다, 웃다, 빗다, 씻다

다음 빈칸을 채우십시오.

	-아/어요	-고	-습니다	-(으)니까	-았/었습니다
짓다	지어요				
낫다					
긋다			긋습니다		
젓다				저으니까	
붓다					
잇다					
벗다		벗고			
웃다					웃었습니다

9 명사 (으)로 인해(서)

장마로 인해서 강물이 크게 불어났습니다.
담배 값 인상으로 인해 금연하는 사람이 늘고 있습니다.
교통 사고로 인한 사망자 수가 해마다 줄어들고 있다.

10 시간 만에

십 년 만에 초등학교 동창을 만났어요.
한 달 만에 반가운 비가 내렸어요.
그 강연은 시작한 지 세 시간 만에 끝났어요.

듣기 과제 2

다음 질문에 답하십시오.

1. 다음과 관계있는 것을 고르십시오.

폭우 소나기 강우량 우산 여름

☐ 눈 ☐ 비 ☐ 안개 ☐ 구름

2. 바르게 연결하십시오.

영동 지방	경기도, 충청도
남부 지방	강원도
중부 지방	경상도, 전라도

잘 듣고 질문에 답하십시오.

1. 다음 빈칸을 채우십시오.

(1) 오늘 밤은 전국적으로 구름이 ______, 제주도와 영동 지방은 비가 오겠습니다.

(2) 휴일인 내일은 제주와 ______ 비가 내리겠습니다.

(3) 중부 지방은 구름이 많이 끼고 한때 ______ 곳도 있겠습니다.

2. 들은 내용과 같은 것을 고르십시오.

오늘 밤 날씨	☐ 전국적으로 비가 온다. ☐ 전국적으로 구름이 낀다. ☐ 전국적으로 소나기가 내린다.
내일 날씨	☐ 오늘보다 기온이 높아진다. ☐ 오늘보다 기온이 낮아진다. ☐ 기온차가 전혀 없다.

3. 빌리는 내일 부산으로 출장을 갑니다. 어떤 것을 준비해야 할까요?

☐ 장갑 ☐ 우산 ☐ 스웨터 ☐ 선글라스

짝활동 다음 그림을 보고 〈보기〉에서 할 일을 골라 내일 계획을 세워 봅시다.

나들이 지수

20 귀가를 서둘러요

빨래 지수

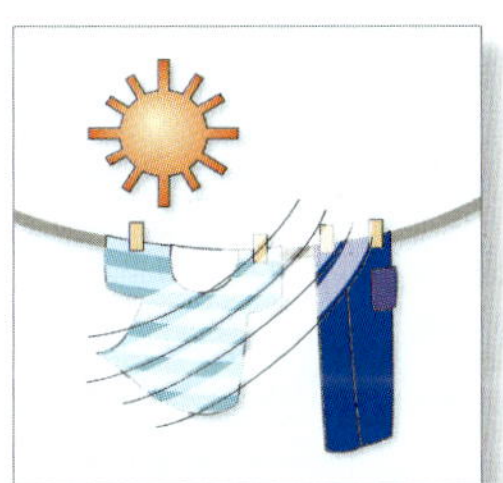

30 미루거나 실내 건조

난방 지수

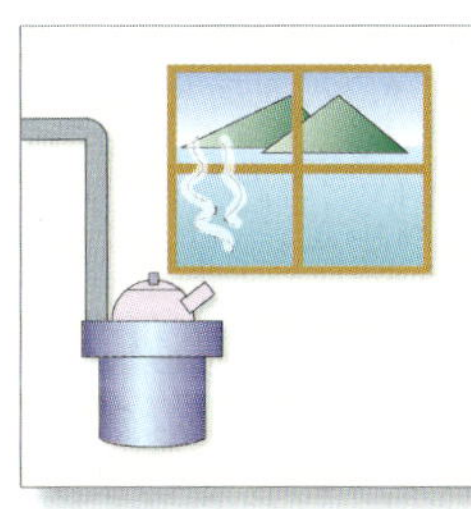

80 충분한 난방 필요

운동 지수

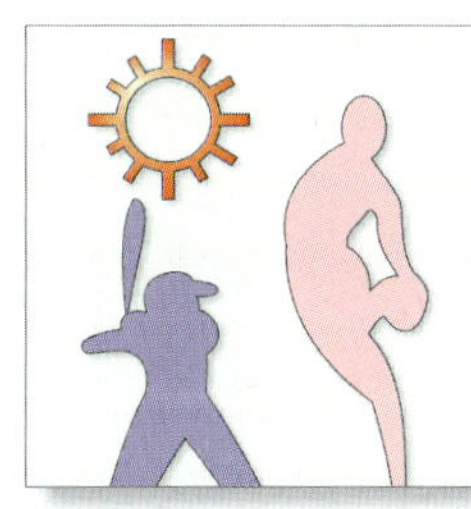

30 실내에서 운동해요

〈보기〉	등산	세탁	요리	TV 시청	조깅
	청소	쇼핑	소풍	독서	낚시

전국적 영동 지방 남부 지방 중부 지방 소나기 예상 강우량 가량

읽고 말하기

다음 글을 읽고 질문에 답하십시오.

전국에 큰 눈 '교통 대란'

이십 년 만에 큰 눈이 내렸다. 휴일인 7일 남부 · 제주지방을 제외하고 전국적으로 대설주의보가 내렸다. 이날 아침 대전은 사상 최고인 25.2㎝의 적설량을 기록했다. 서울도 15㎝를 넘어 1981년 12월(18.3㎝) 이후 가장 많은 눈이 내렸다.

이날 눈으로 여러 곳에서 도로가 통제되거나 교통이 정체되고 각종 교통사고가 일어났다. 또 항공기와 선박 운행이 중지되어 시민들이 큰 불편을 겪었다. 이번 눈은 8일 아침까지도 계속될 예정이어서 출근길 혼란이 예상된다.

기상청은 "두터운 눈구름 때문에 서울의 적설량이 15.1㎝를 기록하는 등 중부 지방을 중심으로 많은 눈이 내렸다."고 밝혔다.

1. 대전과 서울에 눈이 얼마나 내렸습니까?

- 대전 :
- 서울 :

2. 눈 때문에 생긴 일이 아닌 것을 고르십시오.

- ☐ 여러 곳에서 교통이 정체되었다.
- ☐ 각종 교통사고가 일어났다.
- ☐ 퇴근길에 큰 혼란이 있었다.
- ☐ 항공기와 선박이 운행되지 못했다.

3. 많은 눈이 내린 이유는 무엇입니까?

짝 활동 날씨 때문에 곤란한 일을 당한 적이 있습니까? 친구에게 소개해 봅시다.

이름	빌리		
언제	3년 전 겨울		
어떤 날씨	눈이 많이 왔다.		
어떤 일	버스가 오지 않았다.		
어떤 결과	학교에 가지 못했다.		

다음 글을 읽고 질문에 답하십시오.

날씨와 마케팅

몇 해 전, 한 통신 회사가 특별한 마케팅으로 관심을 끌었다. 이 회사는 7, 8월 두 달 동안 텔레비전과 신문을 통해 재미있는 광고를 했다. 크리스마스에 눈이 오면 행사 기간 동안 새로 가입한 고객들에게 20만원을 되돌려주겠다는 내용이었다. 광고 효과는 생각보다 컸다. 광고를 보고 많은 사람들이 가입 신청을 했기 때문이다.

그런데 그 해 크리스마스에는 결국 눈이 오지 않았다. 눈이 내리기만을 기다리던 고객들은 실망했지만, 회사는 그 광고 덕분에 예년보다 큰 이익을 얻을 수 있었다. 날씨를 이용한 마케팅이 크게 성공한 것이다.

날씨를 알면 돈을 번다는 말이 있다. 그만큼 날씨가 상품 판매량에 영향을 미친다는 뜻이다. 그래서 날씨 변화에 맞춰 고객의 마음을 움직일 수 있는 것들을 준비하면 상품 판매를 늘릴 수 있다. 한 가지 예로, 눈이 오는 날 영화 '러브 스토리'의 음악을 튼 어떤 편의점은 다른 날보다 커피를 두 배 이상 팔았다고 한다.

1. 통신 회사의 날씨 마케팅에 대한 설명으로 맞는 것을 모두 고르십시오.

- ☐ 광고를 보고 많은 사람들이 가입 신청을 했다.
- ☐ 새로 가입한 고객들은 20만원을 받았다.
- ☐ 광고 효과는 별로 크지 않았다.
- ☐ 그 회사는 큰 이익을 얻을 수 있었다.

2. 통신 회사가 새로 가입한 고객에게 20만원을 지급하기 위한 조건은 무엇입니까?

3. 편의점에서는 어떤 날씨 마케팅을 했습니까?

짝 활동 다음 내용에 대해 친구와 함께 이야기해 봅시다.

1. 날마다 일기 예보를 확인하는 편이다.	예	아니오
2. 맑은 날에는 대개 외출을 한다.	예	아니오
3. 비오는 날에는 음악을 들으며 차 마시는 것을 좋아한다.	예	아니오
4. 날씨가 나쁘면 약속을 취소하기도 한다.	예	아니오
5. 날씨 때문에 술을 마신 적이 있다.	예	아니오
6. 흐린 날에는 왠지 우울해진다.	예	아니오
7. 눈이 내릴 때는 우산을 쓰지 않는다.	예	아니오
8. 특별히 좋아하거나 싫어하는 날씨가 있다.	예	아니오
9. 계절이 바뀔 때마다 감기에 걸리는 편이다.	예	아니오
10. 비나 눈이 오면 운전하기 싫어진다.	예	아니오

1. 옆 친구가 뭐라고 대답했습니까? 간접 인용문을 써서 이야기해 봅시다.

2. 옆 친구의 성격이 어떻다고 생각합니까? 아래를 참고로 이야기해 봅시다.

당신은 '예'라는 대답을 몇 번 했습니까?

- **0~2** : 당신은 날씨에 별로 영향을 받지 않는 성격입니다. 그렇기 때문에 모든 일을 계획대로 밀고 나갑니다. 하지만 너무 이성적이어서 딱딱하다는 느낌을 주기도 합니다.
- **3~5** : 당신은 가장 일반적인 성격을 가지고 있습니다. 가끔씩 날씨에 따라 기분이 변하기는 하지만 그것 때문에 일을 망치지는 않습니다. 당신은 모든 사람과 친해질 수 있는 스타일입니다.
- **6~8** : 당신은 감성적인 사람입니다. 그래서 가끔 날씨나 기분 때문에 일을 망치는 경우가 있습니다.
- **9~10** : 당신은 꿈속에 살고 있습니다. 자신의 발전을 위해 좀 더 계획적으로 살 필요가 있습니다.

제외하다 대설주의보 사상 적설량 통제되다 정체되다 선박 운행 중지되다 혼란 기상청 두텁다 마케팅 통신 끌다 가입하다 되돌려주다 실망하다 예년 이익 영향 미치다 움직이다 늘리다

쓰 기

다음 글을 잘 읽고 쓰십시오.

계절	기간	날씨	특징
봄	3월-5월	따뜻하다	건조, 꽃, 황사
여름	6월-8월	덥다	장마철, 피서, 태풍
가을	9월-11월	시원하다	쾌적한 날씨, 독서의 계절
겨울	12월-2월	춥다	독감, 스키

한국의 계절

한국에는 사계절이 있다. 봄은 3월부터 5월까지로 따뜻하며, 개나리와 진달래 등 많은 꽃들이 핀다. 3월은 새 학기가 시작되는 달이기도 하다. 건조해서 산불이 잘 나고, 대륙으로부터 황사가 불어오는 날도 많다. 6월부터 8월까지는 여름이다. 장마철이 있어서 비가 많이 오고, 장마가 끝나면 본격적으로 무더위가 찾아온다. 무더위를 피하기 위해 사람들은 산과 바다로 피서를 떠난다. 늦여름부터 초가을까지는 태풍이 와서 많은 피해를 입히는 경우도 있다. 더위가 지나면 시원한 가을이 찾아오는데, 1년 중 가장 쾌적한 날씨가 된다. 그래서 가을을 독서의 계절이라고도 한다. 한국의 겨울은 12월부터 이듬해 2월까지이다. 심한 추위와 건조한 날씨가 이어지기 때문에 독감에 걸리지 않게 조심해야 한다. 서울 지방은 눈이 많이 오지 않지만, 강원도 지역에는 눈이 많이 내린다. 이 지역에는 스키장도 많이 있어서 사람들이 이곳으로 스키 여행을 떠나기도 한다.

여러분 나라의 계절별 날씨의 특징에 대해 쓰십시오.

계절	기간	날씨	특징

위의 글을 참고하여 여러분 나라의 계절을 설명하는 글을 쓰십시오.

개나리 진달래 대륙 황사 본격적 무더위 늦여름 초가을 태풍 피해
입히다 더위 쾌적하다 이듬해 추위 독감

절기(節氣)와 세시풍속

한국에서는 두 가지 달력이 함께 사용되는데, 양력과 음력이 그것이다. 음력은 달을 기준으로 만들어져 보름달이 뜨는 날은 언제나 15일이 된다. 하지만 음력은 약 3년마다 1년이 13달이 되어, 계절의 변화와 잘 맞지 않는 것이 단점이다. 이러한 단점을 보완하기 위해 태양을 기준으로 24절기(節氣)를 만들어 음력과 함께 사용하였다. 그러므로 24절기는 양력의 날짜와 거의 일치한다.

최근에는 24절기가 많이 사용되지 않지만, 아직도 몇몇 절기는 중요하게 여겨진다. 입춘, 하지와 동지, 춘분과 추분 등이 그것이다. 입춘은 봄이 오는 것을 알려주는 날로, 입춘이 되면 대문에 '입춘대길(立春大吉)'이라는 글을 붙여 행운을 기원하는 풍습이 있다. 하지와 동지는 각각 낮이 가장 긴 날과 밤이 가장 긴 날이고, 춘분과 추분은 밤과 낮의 길이가 같은 날이다. 특히 동지에는 팥죽을 먹으며 부정을 막는 풍습이 있다.

이 밖에도 특별한 날을 정해 이를 기념하는 풍습이 있는데 이를 세시풍속이라 한다. 한식(寒食)은 설날, 단오, 추석과 함께 4대 명절의 하나이다. 이 날은 불을 피우지 않고 찬 음식을 먹으며, 조상의 묘에 성묘하는 풍습이 있다. 한여름에는 초복, 중복, 말복 등 삼복이 찾아오는데, 복날이 되면 더위를 이기기 위해 삼계탕과 수박 등을 먹는 풍습이 있다.

듣기 지문

듣고 말하기 p. 78

〈안내 방송〉

안내 말씀 드리겠습니다. 금일 오전 8시 40분 도착 예정이**던** 뉴욕발 인천행 아시아나 항공기는 짙은 안개**로 인해** 도착이 지연되고 있습니다. 예정보다 50분 **늦어진** 9시 30분경에 도착할 예정입니다. 손님 여러분의 양해를 바랍니다.

나오코 : 빌리, 비행기가 늦어진**대**.

빌　리 : 나는 정확히 못 들었는데, 몇 시쯤 도착한**다고 했지**?

나오코 : 9시 30분쯤이**라고 했어**.

빌　리 : 그렇게 늦어지**는 걸 보니까** 안개가 꽤 심한가 봐.

나오코 : 아까 우리가 올 때도 앞이 보이지 않**을 정도였잖아**.

빌　리 : 참, 그랬지. 그런데 요즘 왜 이렇게 안개가 자주 끼지?

나오코 : 일교차가 심해서 그**렇대**.

빌　리 : 응, 그렇구나. 그럼 도착 시간까지 뭘 할까?

나오코 : 식사부터 하는 게 어때? 서둘러 나오느라고 아무 것도 못 먹었거든.

듣기 과제 1 p. 79

민　정 : 어, 나오코 씨! 목소리가 달라진 걸 보니까 감기 걸렸나 봐요?

나오코 : 네, 날씨도 따뜻한데 이상하게 감기에 걸렸어요.

민　정 : 환절기고 너무 건조해서 그래요. 밤에 가습기 틀고 자요?

나오코 : 아니요, 집에 가습기가 없어요. 좀 비싸다고 해서 아직 못 샀어요.

민　정 : 그럼, 젖은 빨래를 널어 놓고 주무세요. 빨래가 없으면 물그릇도 괜찮고요.

나오코 : 아, 그런 방법이 있었군요.

민　정 : 그리고 따뜻한 물을 자주 마시고 과일도 많이 드세요. 감기에 좋대요.

나오코 : 고마워요. 민정 씨가 이렇게 걱정해 주니까 곧 **나을** 것 같아요.

듣기 과제 2 p. 84

날씨입니다. 오늘밤은 전국적으로 구름이 많이 끼겠고, 제주도와 영동 지방은 비가 오겠습니다.

휴일인 내일은 제주와 남부, 영동 지방에 비가 내리겠습니다. 중부 지방은 구름이 많이 끼고 한때 소나기가 오는 곳도 있겠습니다. 예상 강우량은 남부 지방이 10에서 30 밀리미터, 제주와 영동 지방이 5에서 10 밀리미터 가량 되겠습니다.

내일 아침 기온은 서울 22도, 대전 20도, 부산 24도 등으로 오늘보다 조금 낮겠고, 낮 기온도 서울 30도, 대전 29도, 부산 32도 등으로 조금 떨어지겠습니다.

제 6 과 여행

도 입

다음 그림을 보고 이야기해 봅시다.

1

2

3

4

1. 한국에서 여행 가 본 곳은 어디입니까?

2. 가장 여행가고 싶은 곳은 어디입니까?

3. 여행을 가기 전에 반드시 알아봐야 하는 것은 무엇입니까?

듣고 말하기

다음 질문에 답하십시오.

1. 다음과 관계있는 것을 고르십시오.

은행	환율	수수료	여권	해외 여행

☐ 환전 ☐ 도난 ☐ 분실 ☐ 구입

2. 알맞은 것끼리 연결하십시오.

경품 •	• 생기다
좌석 •	• 당첨되다
기회 •	• 예약하다
계획 •	• 발행하다
수표 •	• 세우다

다음 대화를 잘 듣고 질문에 답하십시오.

1. 다음 빈칸을 채우십시오.

   (1) 아직 없으면 ________ 여행가는 거 어때요?

   (2) 특히 성산 일출봉의 ________ 아주 유명해요.

   (3) ________ 필요 없어요.

2. 민정이가 제주도에 가기로 한 이유를 고르십시오.

   ☐ 제주도에 가 본 적이 없어서 ☐ 비행기 표가 공짜로 생겨서
   ☐ 친척이 제주도로 이사를 가서 ☐ 갑자기 휴가를 가게 되어서

3. 두 사람은 언제 제주도에 갑니까?

듣기 과제 1

잘 듣고 질문에 답하십시오.

1. 다음 빈칸을 채우십시오.

(1) ________ 어떻게 하는 것이 좋을까?

(2) 옷차림은 목적지의 ________ 준비해야 한다.

(3) 기본적인 ________ 비상약을 준비하는 것도 잊으면 안 된다.

2. 여행자 수표를 구입했을 때 메모해 두어야 할 것이 아닌 것은 무엇입니까?

☐ 발행 은행 이름 ☐ 발행 월일
☐ 발행 목적 ☐ 수표 번호

3. 여행 가방에 넣을 것을 모두 고르십시오.

☐ 긴 소매 셔츠 ☐ 우산 ☐ 선글라스 ☐ 구두
☐ 치약 · 칫솔 ☐ 정장 ☐ 코트 ☐ 휴대폰
☐ 소화제 ☐ 수건 ☐ 진통제 ☐ 모자

모둠 활동 해외 여행을 갈 때 꼭 가져가라고 권하고 싶은 물건 다섯 가지를 소개해 봅시다.

개인의 의견을 먼저 쓰고 토론 후 모둠별로 결정할 수 있도록 유도해 주십시오.

이 름	물 건	이 유

공짜 경품 왕복 항공권 부담스럽다 환전 여행자 수표 도난 분실
대비하다 발행하다 목적지 기후 소매 필수품 기본적 세면도구 비상약

문 법

1 동사 다니(요)?

가 : 한국은 사계절 내내 비가 많이 오는 것 같아요.
나 : 비가 많이 오다니요? 몇 달 동안 비만 내리는 나라도 있잖아요.

가 : 서울은 물가가 싼 것 같아요.
나 : 싸다니요? 제가 어릴 때랑 비교하면 얼마나 많이 올랐는데요.

가 : 벌써 봄이 왔나 봐요.
나 : 봄이라니요? 아직 아침 저녁으로는 쌀쌀한데요.

다음 대화를 완성하십시오.

1. 가 : 어제 민수 씨가 전화했는데, 오늘 모임에 못 온다고 했어요.
   나 :
2. 가 : 제가 보낸 선물은 잘 받으셨어요?
   나 :
3. 가 : 다음 주에 현지 학습을 가지요?
   나 :

2 동사 (으)ㄹ 만하다

재활용 센터에 가면 쓸 만한 가구들이 많이 있습니다.
맛있게 하느라고 했는데 먹을 만한지 모르겠어요.
제 친구는 국가 대표 선수가 될 만한 실력을 갖추었습니다.

다음 대화를 완성하십시오.

1. 가 : 요즘 회사 생활은 어때요?
   나 :
2. 가 : 어제 산 CD는 어땠어요?
   나 :
3. 가 : 그 사람이 이번 시험에서 일등을 했대요.
   나 :

3 동사 더라고(요)

그 분이 제 고등학교 선배님이시더라고요.
내장산 단풍이 참 곱더라고요.
제 친구가 호주로 이민을 간다고 하더라고요.

다음 대화를 완성하십시오.

1. 가 : 그 공연 어땠어요?
   나 :
2. 가 : 왜 갑자기 안경을 썼어요?
   나 :
3. 가 : 그렇게 열심히 배우던 테니스를 왜 그만뒀어요?
   나 :

4 동사 (으)ㄴ/는 데다가

제 방은 작은 데다가 창문도 없어서 너무 답답해요.
아기가 우는 데다가 전화까지 와서 빨리 문을 못 열었어요.
감기에 걸린 데다가 밤새 잠도 못 잤으니 얼마나 피곤하겠어요?

〈보기〉와 같이 문장을 완성하십시오.

〈보기〉 용돈을 받다 / 기분이 좋다 ⇨ 내가 밥을 사다
➡ 용돈을 받은 데다가 기분도 좋아서 내가 밥을 샀어요.

1. 길을 모르다 / 전화번호를 모르다 ⇨ 가지 못하다
   ➡
2. 집에 컴퓨터가 없다 / PC방이 없다 ⇨ 숙제를 못하다
   ➡
3. 값이 비싸다 / 품질이 나쁘다 ⇨ 사지 않다
   ➡

5 동사 아/어 가지고

너무 바빠 가지고 연락도 못 드렸네요.
아침을 많이 먹어 가지고 아직까지 배가 고프지 않아요.
오랜만에 고향에 갔는데 너무 많이 변해 가지고 낯설게 느껴졌어요.

6 명사 에 따라(서)

음식 재료에 따라서 음식 맛이 달라집니다.
계절의 변화에 따라 사람들의 옷차림도 바뀝니다.
자동차는 누가 관리하느냐에 따라 수명이 달라집니다.

7 동사 (으)므로

그는 끊임없이 노력하므로 반드시 원하는 목표를 이루게 될 것이다.
실내 온도가 높으므로 난방기를 꺼 주십시오.
사고가 많이 발생하는 지역이므로 속도를 줄이십시오.

8 명사 껏

뷔페에 가면 먹고 싶은 음식을 마음껏 먹을 수 있다.
생일을 맞은 친구에게 정성껏 준비한 케이크를 선물로 주었어요.
고장난 차를 힘껏 밀어 봤지만 전혀 움직이지 않았어요 .

듣기 과제 2

다음 빈칸을 채우십시오.

성 명		여권 번호	
항 공 사		목 적 지	
출 국 일		귀 국 일	

잘 듣고 질문에 답하십시오.

1. 다음 빈칸을 채우십시오.

(1) 도쿄 가는 비행기 표를 ________ 하는데요.

(2) 다음 주 목요일 오후에 가서 일요일 저녁에 돌아올 ________

(3) 먼저 ________ 불러 주세요.

2. 나오코가 예약한 비행기 표의 내용입니다. 빈칸을 채우십시오.

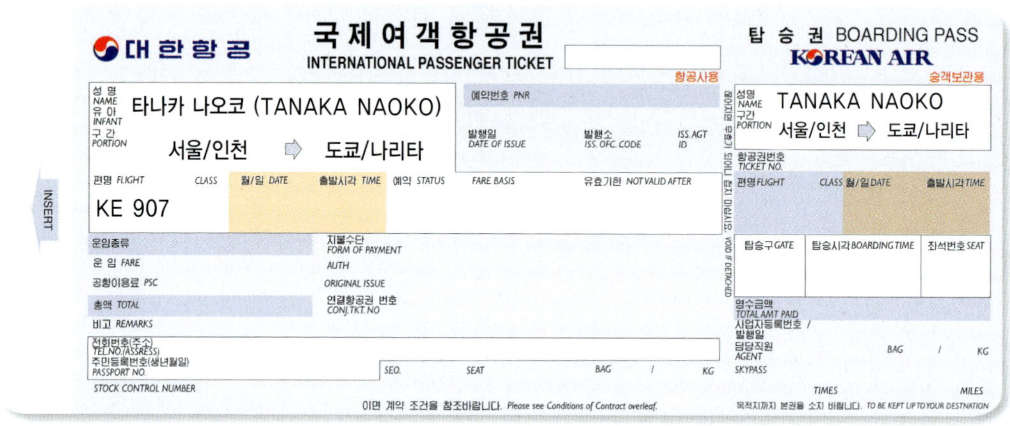
대한항공
국제여객항공권
INTERNATIONAL PASSENGER TICKET
항공사용
성명 NAME 유아 INFANT
타나카 나오코 (TANAKA NAOKO)
예약번호 PNR
구간 PORTION
서울/인천 ⇨ 도쿄/나리타
발행일 DATE OF ISSUE
발행소 ISS. OFC. CODE
ISS. AGT ID
편명 FLIGHT
CLASS
월/일 DATE
출발시각 TIME
예약 STATUS
FARE BASIS
유효기한 NOT VALID AFTER
KE 907
운임종류
운임 FARE
공항이용료 PSC
총액 TOTAL
비고 REMARKS
지불수단 FORM OF PAYMENT
AUTH
ORIGINAL ISSUE
연결항공권 번호 CONJ. TKT. NO
전화번호(주소) TEL.NO.(ASSRESS)
주민등록번호(생년월일) PASSPORT NO.
SEQ.
SEAT
BAG / KG
STOCK CONTROL NUMBER
이면 계약 조건을 참조바랍니다. Please see Conditions of Contract overleaf.
INSERT
탑승권 BOARDING PASS
KOREAN AIR
승객보관용
성명 NAME
TANAKA NAOKO
구간 PORTION
서울/인천 ⇨ 도쿄/나리타
항공권번호 TICKET NO.
편명 FLIGHT
CLASS
월/일 DATE
출발시각 TIME
탑승구 GATE
탑승시각 BOARDING TIME
좌석번호 SEAT
영수금액 TOTAL AMT PAID
사업자등록번호 /
발행일
담당직원 AGENT
BAG / KG
SKYPASS
TIMES
MILES
목적지까지 본권을 소지 바랍니다. TO BE KEPT UP TO YOUR DESTNATION

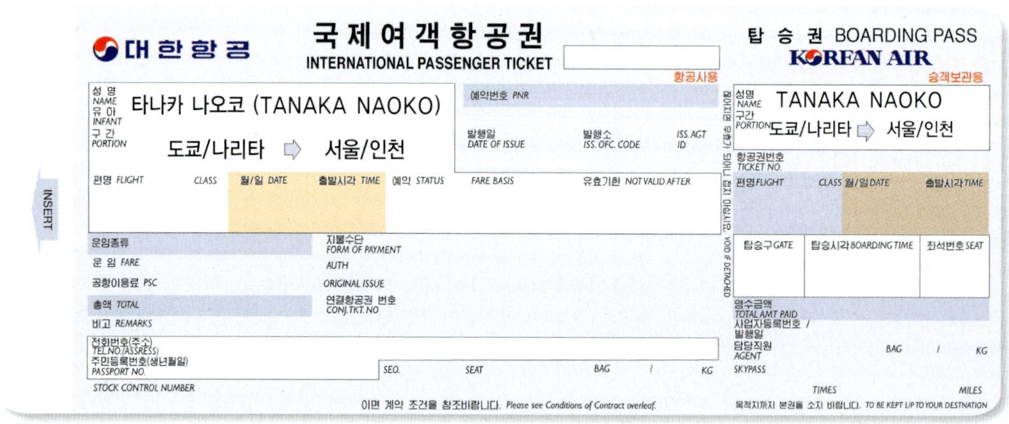
대한항공
국제여객항공권
INTERNATIONAL PASSENGER TICKET
항공사용
성명 NAME 유아 INFANT
타나카 나오코 (TANAKA NAOKO)
예약번호 PNR
구간 PORTION
도쿄/나리타 ⇨ 서울/인천
발행일 DATE OF ISSUE
발행소 ISS. OFC. CODE
ISS. AGT ID
편명 FLIGHT
CLASS
월/일 DATE
출발시각 TIME
예약 STATUS
FARE BASIS
유효기한 NOT VALID AFTER
운임종류
운임 FARE
공항이용료 PSC
총액 TOTAL
비고 REMARKS
지불수단 FORM OF PAYMENT
AUTH
ORIGINAL ISSUE
연결항공권 번호 CONJ. TKT. NO
전화번호(주소) TEL.NO.(ASSRESS)
주민등록번호(생년월일) PASSPORT NO.
SEQ.
SEAT
BAG / KG
STOCK CONTROL NUMBER
이면 계약 조건을 참조바랍니다. Please see Conditions of Contract overleaf.
INSERT
탑승권 BOARDING PASS
KOREAN AIR
승객보관용
성명 NAME
TANAKA NAOKO
구간 PORTION
도쿄/나리타 ⇨ 서울/인천
항공권번호 TICKET NO.
편명 FLIGHT
CLASS
월/일 DATE
출발시각 TIME
탑승구 GATE
탑승시각 BOARDING TIME
좌석번호 SEAT
영수금액 TOTAL AMT PAID
사업자등록번호 /
발행일
담당직원 AGENT
BAG / KG
SKYPASS
TIMES
MILES
목적지까지 본권을 소지 바랍니다. TO BE KEPT UP TO YOUR DESTNATION

3. 들은 내용과 다른 것을 모두 고르십시오.

- ☐ 나오코는 비행기 좌석이 있냐고 물었다.
- ☐ 서울로 돌아오는 비행기 좌석은 없다.
- ☐ 목요일에 출발해서 일요일에 돌아올 예정이다.
- ☐ 비행기 요금은 아주 비싸다.

모둠 활동 우리 반 학생들이 1박 2일로 여행을 가려고 합니다. 어디로 가는 것이 좋을지 의논해 봅시다.

숲속 통나무집 나들이!

남이섬 자연 휴양림

- **출발**: 매일
- **요금**: 2인 1실-90,000　3인 1실-83,000
  4인 1실-75,000　5인~8인 1실-65,000
- **요금 포함 내역**: 차량 / 숙박 / 식사 /
  입장료 / 행사비 / 여행자 보험
- **출발지**: 광화문 세종문화회관 앞 15:00

아름다운 서해 바다

안면도

- **출발**: 매일(선착순 40명)
- **요금**: 33,000원(1인 기준)
- **요금 포함 내역**: 왕복 교통 / 해수 사우나 / 온천욕 / 갯벌 체험 /
  / 여행자 보험
- **출발지**: 동대문 오전 09:00

꿈의 유람선

남해안 일주

- **출발**: 매일
- **요금**: 어른 98,000원　어린이 80,000원
- **요금 포함 내역**: 왕복 열차료 / 조식 / 유람선 / 입장료 / 차량료
- **일정**: 서울역(22:50) – 여수역(05:10) – 일출 관광 – 조식 –
  유람선 관광 – 지리산 쌍계사 관광 – 온천욕 – 화개장터 –
  남원역 – 서울역 도착(22:20)

가을 단풍 여행!

내장산 · 지리산

- **출발**: 매일
- **요금**: 120,000원
- **요금 포함 내역**: 왕복 교통비 / 식사 / 입장료 / 행사비
  / 여행자 보험
- **일정**: 내장산 단풍 – 지리산 단풍 – 온천욕 – 해금강 일주

읽고 말하기

다음 글을 읽고 질문에 답하십시오.

먼저 다음 어휘를 설명해 주십시오. 그리고 핵심어를 중심으로 나라 이름을 맞힐 수 있도록 지도해 주십시오.

기후	평균 기온	표준시간	화폐	수도

1.

기후는 열대 몬순 기후로 계절은 건기, 하절기, 우기로 나뉘며, 평균 기온은 27~30℃이다. 표준시간은 한국보다 2시간 늦고, 화폐의 기본 단위는 바트(BAHT)이다. 수도는 방콕이며, 화려한 불교 문화를 자랑한다. 아름다운 해안과 수천 개의 섬을 가지고 있으며, 다양한 해양 스포츠를 즐길 수 있다. 또한 싱싱한 해물 요리를 마음껏 먹을 수 있다. 현지인의 머리에 손을 대는 것은 금기이다.

2.

온화한 지중해성 기후로 전체적으로 한국보다 약간 덥다. 비는 가을에 많이 내리며, 여름에는 햇볕이 강렬하지만 습기가 없어 지낼 만하다. 표준시간은 한국보다 8시간 늦고, 서머타임 기간에는 7시간 늦다. 수도인 로마에는 유명한 고대 원형 경기장이 있다. 옷차림은 비교적 자유롭지만, 바티칸 박물관 등 몇 곳에서는 소매 없는 옷, 짧은 치마, 반바지 등을 피해야 한다.

3 .

사계절이 뚜렷하지만, 봄 · 가을이 여름 · 겨울에 비해 상대적으로 짧다. 강우량의 60%는 5월과 9월 사이의 장마 기간에 내린다. 수도를 기준으로 표준시간은 한국보다 1시간이 느리며, 화폐의 기본 단위는 위엔이다. 베이징에 있는 만리장성은 세계 8대 불가사의로 손꼽힌다. 이곳을 여행할 때는 기름기 있는 음식을 많이 먹게 되므로 차를 많이 마시는 것이 좋다.

4 .

국토의 면적이 매우 넓고, 겨울에는 기온이 많이 떨어져 추위가 심한 편이다. 하지만 서부 연안은 기후가 따뜻하고 비가 많이 온다. 이곳은 국내에 6개의 표준시가 있으며, 수도 오타와를 기준으로 한국보다 17시간이 늦다. 밴쿠버에 있는 스탠리 공원과 토론토에 있는 나이아가라 폭포가 유명하다. 이 나라는 스키장과 공원이 많은 것이 특징이다.

5 .

이 나라의 계절은 한국과 정반대이다. 여름은 12-2월, 겨울은 6-8월이며, 여름은 우기, 겨울은 건기이다. 표준시간은 시드니를 기준으로 한국보다 1시간이 빠르다. 총면적의 90% 이상이 사막과 고원으로 되어 있다. 코알라와 캥거루 등, 다른 곳에서는 볼 수 없는 특이한 야생동물이 많이 살고 있다. 시드니의 오페라하우스가 특히 유명하다.

다음 글을 읽고 질문에 답하십시오.

가 보고 싶은 섬, 제주도

제주도는 한국에서 가장 큰 섬으로 바람, 여자, 돌이 많다고 해서 '삼다도' 라고 불리기도 한다. 제주도는 독특한 전통 문화와 이국적인 경치를 함께 느낄 수 있어서, 신혼 부부들이 많이 찾는 곳이다.

제주도에서 특히 가 볼 만한 곳을 소개하면 다음과 같다. 먼저 한라산의 정상에 있는 백록담이다. 백록담은 화산의 분화구에 물이 고여 만들어진 호수로, 그 규모가 크지는 않지만 주변의 경치와 잘 어울려 아름답다.

정방폭포는 물이 바다로 직접 떨어지는 보기 드문 폭포이다. 그리고 천지연 폭포에는 폭포가 떨어지면서 생긴 연못이 있는데, 깊이가 20m나 된다. 이 연못에는 사람 팔뚝보다 큰 장어가 사는데, 이 장어는 천연기념물로 지정되어 보호되고 있다. 이 곳은 서귀포에서 가장 아름다운 곳으로 손꼽힌다.

해돋이로 유명한 곳은 성산 일출봉이다. 일출봉의 삼 면은 바닷물에 수직으로 깎여 절벽을 이루고 있다. 여기서 바라보는 해돋이의 장관은 평생 잊을 수 없는 추억이 될 것이다.

이 밖에도 중문 관광 단지는 유명 호텔과 해수욕장, 식물원, 골프장 등이 모여 있어서 제주도를 찾는 관광객들에게 인기 있는 곳이다.

1. 신혼 부부들이 제주도를 많이 찾는 이유를 모두 고르십시오.

☐ 한국에서 가장 큰 섬이기 때문에
☐ 바람, 여자, 돌이 많기 때문에
☐ 독특한 전통 문화가 있기 때문에
☐ 이국적인 경치를 느낄 수 있기 때문에

2. 한라산의 백록담은 어떻게 만들어졌습니까?

3. 위에서 설명한 내용과 <u>다른</u> 것을 고르십시오.

☐ 백록담은 규모가 매우 커서 유명하다.
☐ 천지연폭포는 물이 바다로 직접 떨어진다.
☐ 성산 일출봉은 해돋이의 명소이다.
☐ 중문 관광 단지에는 호텔이 많이 있다.

모둠 활동 다음 지도에서 두 곳을 골라 인터넷에서 정보를 검색한 후 발표해 봅시다.

여행지 1			
목적지 이름		사이트 이름	
제주도 내 교통편		숙박	
식사		볼거리	
특징			

여행지 2			
목적지 이름		사이트 이름	
제주도 내 교통편		숙박	
식사		볼거리	
특징			

돌 불리다 독특하다 이국 화산 분화구 고이다 주변 드물다 폭포
연못 깊이 팔뚝 장어 천연기념물 지정되다 보호되다 손꼽히다 면 수직
깎이다 절벽 이루다 바라보다 장관 평생 식물원

쓰 기

다음과 같이 여행 경험을 소개하십시오.

민속 박물관에 다녀와서

지난 주말에 도우미와 함께 온양에 있는 민속 박물관에 다녀왔다. 우리는 오전 10시에 서울역에서 만나 무궁화호 열차를 탔다. 두 시간쯤 지난 후 우리는 온양 온천역에 도착했고, 거기서 다시 민속 박물관으로 가는 버스를 탔다.

민속 박물관에 전시된 물건들은 서민들이 사용했던 것으로 화려하지는 않지만, 평범한 한국인들의 생활을 잘 보여 주었다. 박물관을 둘러보면서 나는 한국인이 느끼는 아름다움에 대해 조금씩 이해하게 되었다. 한국 사람들은 자연의 아름다움을 생활 속에서 느끼는 것을 좋아하는 것 같다. 옷이나 가구, 생활 용품 등에서 그런 느낌을 받을 수 있었다.

내가 느낀 것은 한국 사람들이 딱딱한 직선보다는 부드러운 곡선을 좋아한다는 것이다. 둥근 소매, 둥근 지붕, 둥근 기둥 등, 직선으로 된 것들만 봐 온 나에게는 무척 신기하게 느껴졌다. 이것도 생활 속에서 자연의 아름다움을 느끼고 싶어하는 한국 사람들의 생각을 반영하고 있는 것이다.

시간이 부족해서 더 많은 것을 볼 수 없었던 것이 아쉬웠지만, 한국적인 아름다움의 세계를 느낄 수 있었던 좋은 시간이었다.

위의 글을 참고하여 다음 빈칸을 채운 후 기행문을 쓰십시오.

날짜		동행	
장소		교통편	
특징			
느낀 점			

온천 전시되다 서민 평범하다 둘러보다 아름다움 자연 느낌 직선 곡선
지붕 기둥 신기하다 반영하다 부족하다 아쉽다

날씨와 속담

한국의 속담 중에는 날씨와 관련된 것들이 많이 있다. 그 중 '거미가 줄을 치면 날씨가 좋다'는 날씨와 직접적인 관련이 있는 속담이다. 이 말은 거미가 맑은 날에만 줄을 치기 때문에 생긴 말이다. 이와 같은 속담은 날씨의 특징을 알려주기는 하지만 특별한 교훈을 주지는 않는다.

한편, '비 온 뒤에 땅이 굳어진다'와 '가랑비에 옷 젖는 줄 모른다'와 같은 속담은 날씨의 특징을 알려 준다기보다는 우리 삶에 교훈을 주는 속담이다. '비 온 뒤에 땅이 굳어진다'는 비 온 후에 땅이 더 단단해지는 것처럼, 사람들은 어려운 일을 겪고 난 후에 더욱 성숙해진다는 의미이다.

'가랑비에 옷 젖는 줄 모른다'는 원래 가랑비처럼 아주 조금씩 내리는 비도 계속 맞다 보면 흠뻑 젖게 된다는 뜻이다. 이 속담은 돈 씀씀이에 빗대어 자주 쓰이는데, 돈을 쓸 때는 계획을 잘 세우고 돈을 절약해서 써야 한다는 의미이다.

듣기 지문

듣고 말하기 p. 93

민 정 : 나오코 씨, 이번 연휴에 특별한 계획 있어요? 아직 없으면 나랑 같이 여행가는 거 어때요?

나오코 : 갑자기 여행**이라니요?** 어디로요?

민 정 : 혹시 나오코 씨 제주도 가 본 적 있어요?

나오코 : 아니요, 아직 기회가 없었어요.

민 정 : 그러면 이번에 같이 가요. 나오코 씨도 알겠지만 제주도는 꼭 한 번 가**볼 만한** 곳이에요. 특히 성산 일출봉의 해돋이가 아주 유명해요.

나오코 : 나도 가 보고 싶어서 여행사에 알아봤었는데 너무 비싸**더라고요**.

민 정 : 걱정하지 말아요. 제주도에 우리 친척이 있**는 데다가** 비행기 표도 두 장이나 공짜로 생겼거든요.

나오코 : 정말요? 어떻게요?

민 정 : 백화점 경품 행사에 당첨**돼 가지고** 제주도 왕복 항공권을 받게 됐어요.

나오코 : 잘 됐네요. 하지만 내가 그냥 따라가도 되는 건지 좀 부담스럽네요.

민 정 : 부담 가질 필요 없어요. 그럼, 나오코 씨가 같이 가는 걸로 알고 비행기 좌석을 예약할게요.

듣기 과제 1 p. 94

해외 여행 준비는 어떻게 하는 것이 좋을까? 먼저 환전은 필요한 만큼만 달러로 바꾸거나 여행자 수표를 구입하는 것이 좋다. 여행자 수표는 은행에서 구입할 수 있으며 현금보다 안전하다. 도난이나 분실에 대비하여 수표를 발행한 은행 이름과 발행 월일, 수표 번호를 메모해 두는 것이 좋다.

옷차림은 목적지의 기후**에 따라** 준비해야 한다. 동남아시아 등 더운 나라를 여행할 때도 일교차가 심하**므로** 긴 소매 셔츠 한두 장은 준비해야 한다. 이 외에도 비가 올 때를 대비하여 우산을 준비해야 하며, 모자와 선글라스는 필수품이다. 신발은 걷기 편한 운동화나 캐주얼화가 적당하다. 기본적인 세면도구와 비상약을 준비하는 것도 잊으면 안 된다.

듣기 과제 2 p. 97

직　원 : 감사합니다. 나래 여행사입니다.

나오코 : 안녕하세요? 도쿄 가는 비행기 표를 예매하려고 하는데요.

직　원 : 네, 언제 가실 예정이세요?

나오코 : 다음 주 목요일 오후에 가서 일요일 저녁에 돌아올 예정인데요. 아직 좌석이 있나요?

직　원 : 잠깐만 기다리세요.

다음 주 목요일 22일 오후에는 3시, 6시가 있고요, 일요일 25일 저녁에는 7시 30분발 비행기만 있네요.

나오코 : 그러면 22일 오후 6시하고, 25일 7시 30분 비행기로 예약해 주세요.

직　원 : 먼저 성함하고 연락처를 불러 주세요.

나오코 : 제 이름은 타나카 나오코이고 연락처는 968-7763입니다.

직　원 : 확인해 드리겠습니다. 성함은 타나카 나오코, 연락처는 968-7763이고, 22일 목요일 오후 6시 인천발 나리타행, 25일 7시 30분 나리타발 인천행 예약되었습니다.

제7과 정보

도 입

다음 그림을 보고 이야기해 봅시다.

1 

2 

3 

4 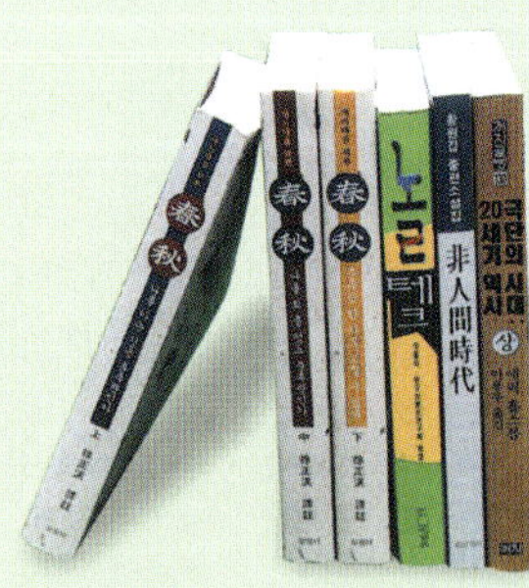

1. 여러분에게 필요한 정보에는 어떤 것이 있습니까?

2. 주로 어디에서 정보를 얻습니까?

3. '정보는 돈이다' 라는 말의 뜻은 무엇일까요?

듣고 말하기

다음 질문에 답하십시오.

1. 다음과 관계있는 것을 고르십시오.

정보 검색　　채팅　　홈페이지　　통신 판매　　전자우편

☐ 신문　　☐ 전기　　☐ 인터넷　　☐ 백화점

2. 바르게 연결하십시오.

홈페이지 •	• 도움이 되는 자료로 활용하는 것
보고서 •	• 본사 밑에서 어떤 지역의 일을 담당하는 회사
회신 •	• 조사한 내용이나 결과를 적은 문서
참고 •	• 편지나 어떤 물음에 대한 답
지사 •	• 인터넷을 통해 홍보하기 위해 만든 문서

다음 대화를 잘 듣고 질문에 답하십시오.

1. 다음 빈칸을 채우십시오.

(1) 큰일이네요, 일이 적지 ______

(2) 회신이 오는 대로 정리하기만 하면 ______

(3) 나한테 ______ 있어요.

2. 들은 내용과 <u>다른</u> 것을 모두 고르십시오.

☐ 빌리는 해외 판매 실적을 보고해야 한다.　☐ 작년 보고서를 참고할 예정이다.

☐ 영철과 빌리는 함께 보고서를 작성하고 있다.　☐ 지금 빌리는 문서 보관실에 있다.

3. 영철이 빌리에게 가르쳐 준 방법은 무엇입니까?

짝 활동 어려운 일이 생겼을 때 누구와 의논합니까? 다른 사람에게 도움을 요청해 봅시다.

언제	누구에게	어떻게
보고서를 써야 할 때	도우미에게	도서관에서 자료 찾는 것 좀 도와주세요.
외국에 송금을 할 때		
갑자기 수업 중에 아플 때		
하숙집을 구해야 할 때		
휴대폰을 살 때		

듣기 과제 1

잘 듣고 질문에 답하십시오.

1. 다음 빈칸을 채우십시오.

   (1) 안녕하세요? 저, ________ 좀 알고 싶은데요.

   (2) 그러면 지하철을 ________ 편리합니다.

   (3) 그럼, 홈페이지 주소 좀 ________

2. 빌리가 얻은 정보가 <u>아닌</u> 것을 모두 고르십시오.

   - ☐ 위치
   - ☐ 공연 시간
   - ☐ 홈페이지 주소
   - ☐ 관람료

3. 들은 내용과 <u>다른</u> 것을 고르십시오.

   - ☐ 예술의 전당은 지하철 청량리역에서 가깝다.
   - ☐ 마을 버스를 타려면 5번 출구로 나와야 한다.
   - ☐ 홈페이지에서 입장권을 예매할 수 있다.
   - ☐ 이용 안내에 들어가면 교통편을 자세히 알 수 있다.

실은 실적 보고하다 지사 별 팩스 회신 보고서 작성하다 문서 보관실 웬만한 초기 화면

문 법

1 동작동사 (으)라고 하다

선생님께서 나오코에게 감기 기운이 있으면 약을 먹으라고 하십니다(먹으랍니다).
피곤하면 먼저 들어가라고 합니다(들어가랍니다).
너무 늦게까지 공부하지 말라고 해요(말래요).

〈보기〉와 같이 바꾸어 쓰십시오.

〈보기〉 먼저 인터넷으로 검색하세요.
➡ 먼저 인터넷으로 검색하라고 합니다.

1. 과제는 이메일로 제출하세요.
➡

2. 수업 중에 자꾸 귀찮게 하지 마세요.
➡

3. 저를 좀 도와주세요.
➡

2 동작동사 자고 하다

빌리가 나오코에게 점심을 같이 먹자고 합니다(먹잡니다).
주말에 영화를 보자고 합니다(보잡니다).
날씨가 나쁘니까 오늘은 차를 타고 가자고 해요(가재요).

〈보기〉와 같이 바꾸어 쓰십시오.

〈보기〉 주말에 놀이 동산에 갈까요?
➡ 주말에 놀이 동산에 가자고 합니다.

1. 시험 끝나고 같이 등산 갑시다.
➡

2. 졸리니까 산책 좀 할까요?
➡

3. 지금은 길이 막힐 시간이니까 지하철을 타요.

➡ ______

3 동사 (으)ㄹ 텐데

그 사람이 이 사실을 알면 화를 낼 텐데 어떻게 하지요?

지금쯤이면 도착했을 텐데 왜 아직도 연락이 없을까?

내일이면 다 알게 될 텐데 뭘 그렇게 궁금해 하십니까?

다음 문장을 완성하십시오.

1. ______ (바쁘다) 이렇게 오시라고 해서 죄송합니다.
2. ______ (길이 많이 막히다) 생각보다 일찍 도착하셨네요.
3. ______ (집에서 걱정하다) 오늘은 그만 들어가시죠.

4 동작동사 는 대로

집에 도착하는 대로 나한테 전화해 줘.

서류가 준비되는 대로 비자를 연장할 거예요.

적금을 타는 대로 좀 더 넓은 집으로 옮길까 해요.

다음 대화를 완성하십시오.

1. 가: 언제 유럽 여행을 갈 생각이에요?
   나: ______ 떠날 생각이에요.
2. 가: 언제쯤 물건을 받을 수 있나요?
   나: ______ 보내 드리겠습니다.
3. 가: 여보세요? 김 사장님 좀 부탁합니다.
   나: 지금 통화중이신데, ______ 연결해 드리겠습니다.

5 동사 기만 하면 (되다)

가: 이 차는 색깔이 별로인 것 같아요.

나: 자동차가 튼튼하기만 하면 되죠.

가: 이 사전 좀 봐도 될까요?

나: 물론이죠. 보신 후에 돌려주시기만 하면 돼요.

*가: 이삿짐은 다 쌌어요?

나: 예, 차만 부르면 돼요.

다음 대화를 완성하십시오.

1. 가: 이 시를 꼭 외워야 해요?

   나: 아니요,

2. 가: 포장해 드릴까요?

   나: 아니요,

3. 가: 과장님, 보고서를 언제까지 제출해야 합니까?

   나:

6 명사 **에 의해(서)**

정해진 순서에 의해서 행사를 시작하겠습니다.

국제 관계는 힘에 의해 결정되어서는 안 된다.

경제 위기 극복은 국민 모두의 노력에 의한 것이다.

7 피동

유형	피동접사	피동사	피동접사	피동사
단형 피동	-이-	보이다, 놓이다, 쌓이다, 쓰이다, ……	-히-	잡히다, 읽히다, 먹히다, 닫히다, 뽑히다, ……
	-리-	들리다, 밀리다, 열리다, 떨리다, 풀리다, ……	-기-	쫓기다, 안기다, 끊기다, 찢기다, 빼앗기다 ……
장형 피동	-아/어지다	써지다, 깨지다, 풀어지다, 이루어지다, 켜지다, 꺼지다, ……		

8 사동

유형	사동접사	사동사
단형 사동	-이-	죽이다, 먹이다, 속이다, 보이다, 줄이다, 붙이다, 높이다, ……
	-히-	익히다, 앉히다, 읽히다, 업히다, 좁히다, 넓히다, 밝히다, ……
	-리-	날리다, 돌리다, 울리다, 살리다, 얼리다, 놀리다, 알리다, ……
	-기-	웃기다, 남기다, 숨기다, 감기다, 벗기다, 맡기다, ……
	-우-	지우다, 깨우다, 비우다, 재우다, 채우다, 태우다, 세우다, ……
장형 사동	-게 하다	먹게 하다, 가게 하다, 오게 하다, 밝게 하다, 슬프게 하다, ……

듣기 과제 2

다음 질문에 답하십시오.

1. 바르게 연결하십시오.

신문	세상에 대한 새로운 소식을 알려주는 종이
라디오	전 세계적으로 연결된 정보 통신망
텔레비전	영상과 소리를 함께 전달해 주는 방송
인터넷	소리만 들려주는 방송

잘 듣고 질문에 답하십시오.

1. 다음 빈칸을 채우십시오.

(1) 사람들에게 가장 쉽고 편리하게 ________ 매체는 텔레비전입니다.

(2) 더 ________ 알고 싶으면 신문을 보는 것이 좋습니다.

(3) 최근에는 컴퓨터 ________ 인터넷을 이용하는 사람들이 늘고 있습니다.

2. 들은 내용에 포함되지 않은 매체를 고르십시오.

☐ 신문　☐ 잡지　☐ 인터넷　☐ 라디오

3. 라디오가 중요한 정보 매체가 되는 경우는 언제입니까?

짝활동 다음과 같은 일을 하고 싶을 때 알맞은 검색어를 이야기하고, 추천 사이트를 소개해 봅시다.

정보를 찾는 목적	원하는 정보	검색어
여 행	관광 명소, 교통편, 항공권 예매, 숙박 시설	여행, 여행사, 대한항공 등
공연 관람		
뉴 스		

사이트 이름	추천 이유	사이트 주소
경희대 국제교육원	한국어과정 등록 안내를 받을 수 있다.	http://iie.khu.ac.kr

뉴스　매체　자세하다　환경　라디오　운전

읽고 말하기

다음 글을 읽고 질문에 답하십시오.

도서관 이용 방법

도서관을 이용하는 목적에는 여러 가지가 있으며, 이에 따라 이용하는 시설도 달라진다. 공부를 하기 위해서라면 열람실을 이용해야 하고, 신문이나 잡지 등을 찾아 읽으려면 자료실을 이용해야 한다. 또한 인터넷을 하기 위해서는 전산실을, 비디오를 보기 위해서라면 시청각실을 이용할 수 있다.

하지만 도서관에 가는 주된 목적은 필요한 책을 찾기 위해서이다. 도서관에서 자기가 원하는 책을 신속하고 정확하게 찾으려면 어떻게 해야 할까? 요즘은 거의 모든 도서관에서 소장 도서에 대한 정보를 전산화해 놓고 있다. 도서 검색용 컴퓨터에서 서명, 저자명, 키워드, 출판사 중 하나를 선택하여 검색어를 입력하면, 책이 있는 위치와 도서 상태를 알 수 있다. 도서 상태는 그 책이 현재 대출중인지 아닌지를 말해주는 것으로, 대출 가능이라고 쓰인 책은 빌릴 수 있다. 대출중인 책을 빨리 보고 싶은 경우, 예약을 해 두면 책이 반납되는 대로 빌려 볼 수도 있다.

국회도서관이나 국립중앙도서관 등 사람들이 많이 이용하는 도서관에 갈 때는 미리 인터넷으로 검색한 후에 가면 시간을 절약할 수 있다. 만약 직접 방문할 시간이 없다면 인터넷이나 전화로 원하는 자료를 신청하여 우편으로 받을 수도 있다.

1. 바르게 연결하십시오.

열람실	인터넷을 한다
자료실	공부를 한다
전산실	비디오를 본다
시청각실	신문과 잡지를 읽는다

2. 컴퓨터를 통해 책을 찾는 방법을 설명해 보십시오.

3. 국회도서관이나 국립중앙도서관에 가기 전에 미리 인터넷으로 검색하고 가야 하는 이유는 무엇입니까?

모둠 활동 도서관을 이용할 때 가장 불편했던 점은 무엇입니까? 친구와 이야기해 봅시다.

이름	불편했던 점	이유

다음 글을 읽고 질문에 답하십시오.

정보화 사회

정보화 사회는 정보의 역할이 중요시되는 사회를 말한다. 정보화 사회에서는 정보가 사회 전체의 발전을 이끄는 힘이 된다. 그렇기 때문에 새롭고 다양한 정보를 얼마나 빨리 얻는가가 개인과 국가의 경쟁력을 결정한다.

정보화 사회는 컴퓨터의 등장과 함께 시작되었다. 컴퓨터는 텔레비전, 라디오 등과 달리 그림, 음악, 문자, 영상 등 여러 형태의 정보를 한꺼번에 처리할 수 있다. 인터넷, 온라인 서비스, 기업 네트워크 등의 발달은 시간과 장소의 벽을 없애고 있다. 우리는 이제 언제 어디서나 원하는 정보를 쉽게 얻을 수 있고, 먼 곳에 있는 사람과도 컴퓨터를 통해 회의나 채팅을 할 수 있다. 컴퓨터가 고도로 발달하면서 상상에서만 가능했던 일들이 현실로 이루어지고 있다.

하지만 정보화 사회에도 부정적인 면은 있다. 사생활 침해, 가족 간의 대화 단절, 사이버 범죄의 증가 등이 그것이다. 이러한 문제를 극복하려는 노력이 현재 계속되고 있으며, 이 결과에 따라 정보화 사회의 성공 여부도 결정될 것이다.

컴퓨터에 의한 정보 혁명이 가속화된다면, 미래의 가정, 학교, 사회, 국가의 모습은 지금과 크게 달라질 것이다.

1. 정보화 사회란 무엇입니까?

2. 위의 내용과 다른 것을 고르십시오.

☐ 정보화 사회는 컴퓨터의 등장과 함께 시작되었다.
☐ 컴퓨터는 여러 형태의 정보를 한꺼번에 처리할 수 있다.
☐ 컴퓨터 네트워크의 발달은 시간과 장소의 벽을 없애고 있다.
☐ 컴퓨터의 발달로 다른 정보 매체는 사라지게 될 것이다.

3. 정보화 사회의 문제점이 아닌 것을 고르십시오.

☐ 사생활 침해 ☐ 가족 간의 대화 단절
☐ 정보 혁명의 가속화 ☐ 사이버 범죄의 증가

모둠 활동 정보화 사회의 장점에 대해 〈보기〉의 단어를 참고하여 이야기해 봅시다.

이 름	장 점

〈보기〉 PC방 인터넷 전자우편 검색 재택근무/수업
컴퓨터 채팅 정보 무료 전화

열람실 자료실 전산실 시청각실 주된 신속하다 소장 도서 전산화하다 서명
저자 출판사 검색어 입력하다 상태 대출 쓰이다 반납되다 검색하다
정보화 역할 중요시되다 발전 이끌다 국가 경쟁력 등장 달리 문자
형태 한꺼번에 처리하다 기업 없애다 고도로 상상 현실 부정적 사생활
침해 단절 범죄 혁명 가속화되다 미래 가정

쓰 기

다음 글은 광고의 부정적 기능에 관해 주장하는 글입니다. 〈보기〉의 어휘를 참고하여 글을 완성하십시오.

〈보기〉 과소비 유행 허위 · 과대 광고 부도덕 잘못된 정보 자극적

광고란 상품 판매를 목적으로 인쇄물이나 방송을 통해 정보를 전달하는 것이다. 과거의 광고는 주로 신문, 광고지 등 인쇄물에 많이 의존했으나 최근에는 라디오, 텔레비전, 인터넷 등 음성 · 영상, 통신 매체를 통해 이루어진다. 광고는 사회적으로 보면 긍정적인 면과 부정적인 면을 모두 가지고 있다.

광고의 긍정적 기능은 상품의 소비를 증가시킨다는 것이다. 소비의 증가는 생산의 증가로 이어지고 이로 인해 경제가 활성화된다. 또한 소비자의 입장에서는 상품에 대한 다양한 정보를 얻을 수 있다는 점도 긍정적이라고 할 수 있다. 하지만 이러한 긍정적인 면과 함께 다음과 같은 부정적인 면도 있다.

그러므로 소비자의 입장에서 광고를 비판적으로 보고 상품을 올바르게 선택하는 것이 필요하다. 광고주도 광고를 할 때 위의 부정적 기능을 줄일 수 있도록 노력해야 할 것이다.

광고 상품 인쇄물 의존하다 긍정적 부정적 증가시키다 활성화되다 입장 비판적 올바르다 줄이다

명사형으로 끝나는 관용 표현

관용어 중에는 비슷한 형태를 가진 것이 많은데, 특히 명사형 '-기' 로 끝나는 관용어가 많다. '누워서 떡 먹기, 식은 죽 먹기, 땅 짚고 헤엄치기' 등은 너무나도 하기 쉬운 일을 가리킬 때 쓴다. 예를 들어 "한글을 읽을 줄 알아요?"하고 묻는다면 "그거야 식은 죽 먹기지요."라고 대답할 수 있다. 반대로 아주 어렵거나 거의 불가능한 일을 가리킬 때는 '하늘의 별 따기' 라고 한다. 훌륭한 선수들이 모두 출전하는 올림픽에서 금메달을 따는 것은 '하늘의 별 따기' 이다.

일의 쉽거나 어려움을 나타내는 것과 관계없는 명사형 표현도 있는데, 예를 들면 '언 발에 오줌 누기' 와 '누워서 침 뱉기' 가 있다. '언 발에 오줌 누기' 는 어떤 문제가 생겼을 때 본질적인 해결책 대신 임시 방편으로 문제를 해결하려고 하는 것을 의미한다. 이러한 행동은 일시적인 효과는 있으나 곧 해로운 결과를 가져올 수 있기 때문에 피해야 한다. '누워서 침 뱉기' 는 스스로 자신의 명예를 떨어뜨리는 말이나 행동을 할 때 사용한다. 간혹 다른 사람들에게 자기 가족이나 친구의 험담을 하는 사람이 있는데, 이는 결국 자기 얼굴에 침을 뱉는 셈이 된다.

듣기 지문

듣고 말하기 p. 109

영 철 : 빌리 씨, 요즘 무슨 일 있어요?

빌 리 : 실은 과장님께서 시키신 일이 하나 있는데, 어떻게 해야 될지 몰라서요.

영 철 : 무슨 일인데요?

빌 리 : 해외 판매 실적을 이번 주까지 정리해서 보고하**라고 하셨어요.**

영 철 : 큰일이네요, 일이 적지 않**을 텐데.** 얼마나 했어요?

빌 리 : 지사별로 팩스는 보냈어요.

영 철 : 그러면 회신이 오**는 대로** 정리하**기만 하면 되잖아요.** 뭐가 걱정이에요?

빌 리 : 어떻게 보고서를 작성해야 될지 몰라서요.

영 철 : 나한테 좋은 생각이 있어요. 작년에 보고한 게 있으니까 그걸 참고하면 될 거예요.

빌 리 : 그래요? 그럼 그걸 찾아봐야겠네요. 혹시 어디에 있는지 아세요?

영 철 : 11층 문서 보관실에 있을 거예요. 웬만한 문서는 다 거기에 있으니까요.

듣기 과제 1 p. 110

안내원 : 감사합니다. 예술의 전당입니다.

빌 리 : 안녕하세요? 저, 거기 위치를 좀 알고 싶은데요.

안내원 : 아, 네. 지금 계신 곳이 어디세요?

빌 리 : 청량리 쪽인데요.

안내원 : 그러면 지하철을 이용하시는 게 편리합니다. 3호선 남부터미널역에 내려서 5번 출구로 나오시면 예술의 전당 가는 마을 버스가 있습니다. 저희 홈페이지를 이용하시면 좀 더 자세한 정보를 얻으실 수 있습니다.

빌 리 : 홈페이지에서도 예매를 할 수 있나요?

안내원 : 물론입니다.

빌 리 : 그럼, 홈페이지 주소 좀 알려 주시겠어요?

안내원 : 네, 에스에이시 점 오알 점 케이알입니다.

빌 리 : 에스에이시 점 오알 점 케이알 맞나요?

안내원 : 네, 초기 화면에서 이용 안내로 들어가시면 교통편이나 예매, 주차 등에 대해 자세히 알 수 있습니다.

빌 리 : 네, 고맙습니다.

듣기 과제 2 p. 113

우리는 보통 텔레비전과 신문, 인터넷 등을 통해 뉴스를 듣습니다. 사람들에게 가장 쉽고 편리하게 뉴스를 전해 주는 매체는 텔레비전입니다. 하지만 텔레비전 뉴스는 소식을 짧게 전달하기 때문에 자세한 내용은 알 수 없습니다. 더 자세한 내용을 알고 싶으면 신문을 보는 것이 좋습니다. 최근에는 컴퓨터 환경의 발달로 인터넷을 이용하는 사람들이 늘고 있습니다. 인터넷은 다른 매체에 비해 새로운 소식을 빠르게 전달합니다. 이 밖에 라디오를 듣는 경우도 있는데, 특히 운전을 할 때나 여행을 갔을 때 라디오는 아주 중요한 정보 매체가 됩니다.

제 8 과 편 지

도 입

다음 그림을 보고 이야기해 봅시다.

1

2

3

4

1. 친구나 부모님께 어떻게 소식을 전합니까?

2. 현재 쓰고 있는 이메일 아이디(ID)는 무엇입니까?

3. 주로 언제 편지를 씁니까?

듣고 말하기

다음 질문에 답하십시오.

1. 다음과 관계있는 것을 고르십시오.

편지	엽서	초대장	청첩장	이메일

☐ 안부　☐ 소식　☐ 약속　☐ 보고

2. 알맞은 것끼리 연결하십시오.

전보	붙이다
우표	걸다
전화	치다
소포	부치다

다음 대화를 잘 듣고 질문에 답하십시오.

1. 다음 빈칸을 채우십시오.

(1) 응, 이거 김인데 일본에 ______

(2) 좀 ______ 어디 아프니?

(3) 그 친구더러 ______ 나오라고 해.

2. 빌리가 학교에 온 이유를 고르십시오.

☐ 나오코에게 전해 줄 물건이 있어서
☐ 대학원 입학 자료를 구하기 위해서
☐ 나오코가 와 달라고 부탁을 해서
☐ 저녁 약속이 있어서

3. 들은 내용과 다른 것을 모두 고르십시오.

- ☐ 빌리의 친구는 지금 서울에 있다.
- ☐ 나오코는 오후에 수업이 없다.
- ☐ 빌리는 어제 잠을 설쳤다.
- ☐ 민정이와 저녁 식사 약속을 했다.

4. 빌리와 나오코는 저녁에 무엇을 먹을까요?

듣기 과제 1

잘 듣고 질문에 답하십시오.

1. 다음 빈칸을 채우십시오.

(1) 편지는 그 어떤 선물보다도 받는 사람에게 ________ 줄 수 있다.

(2) 또 편지가 제대로 ________ 확인하는 것도 쉽지 않다.

(3) 이런 단점들을 보완하기 위해서 ________, 전보 등 특별한 우편 배달 방법이 등장했다.

2. 편지의 단점을 모두 고르십시오.

- ☐ 보내는 사람의 마음을 잘 전달할 수 없다.
- ☐ 시간이 너무 많이 걸린다.
- ☐ 제대로 도착했는지 확인하기 어렵다.
- ☐ 비용이 너무 많이 든다.

3. 최근에 택배가 인기를 얻고 있는 이유는 무엇입니까?

짝 활동 다음의 우편에 대해 알아봅시다.

우편의 종류	특 징	장 · 단점
빠른 우편		
등기		
전보		

휴강 설치다 삼겹살 소주 술안주 감동 편지지 보완하다 빠른 우편 등기 전보

문 법

1 동작동사 (으)ㄴ/는 김에

외출한 김에 운동이나 하고 들어갑시다.
책상을 사는 김에 책꽂이도 하나 더 사기로 했다.
우체국 가시는 김에 제 편지도 좀 부쳐 주세요.

다음 대화를 완성하십시오.

1. 가 : 옷을 새로 사셨군요.
   나 :
2. 가 : 빌리 씨, 다음 주에 설악산에 가신다고요?
   나 :
3. 가 :
   나 : 지금은 바쁘니까 영화는 다음에 봅시다.

2 동사 (ㄴ/는)다고들 하다

그 문제에 대해 사람들은 뭐라고들 합니까?
이번 선거는 좀 힘들겠다고들 하더군요.
그릇은 남대문시장이 싸다고들 해요.

다음 대화를 완성하십시오.

1. 가 : 그 집은 무슨 음식이 맛있습니까?
   나 :
2. 가 : 이사갈 집은 좀 알아보셨어요?
   나 :
3. 가 : 내년에는 살림살이가 나아질까요?
   나 :

3 동사 더라도

맛이 없더라도 많이 드세요.
단어 뜻은 모르더라도 전체적인 내용은 이해할 수 있어요.
고국에 돌아가더라도 한국에서 지냈던 시간을 잊지 못할 겁니다.

다음 문장을 완성하십시오.

1. ________ 조금만 참고 기다려 봅시다.
2. ________ 너무 실망하지 마세요.
3. ________ 별로 말하고 싶지 않아요.

4 어차피 동사 (으)니까

어차피 끝난 일이니까 너무 신경 쓰지 마세요.
그건 어차피 모두 아는 거니까 다시 설명할 필요가 없다.
어차피 해야 될 일이라면 빨리 하는 게 좋겠어요.

5 명사 에다(가)

여기에다가 이름과 주소를 써 주세요.
벽에다가 낙서를 하면 안 됩니다.
외모에다 화술까지 갖춘 사람은 많지 않다.

6 명사 (으)로는 명사 이/가 그만이다

생일 선물로는 장미꽃이 그만입니다.
두통약으로는 이 진통제가 그만이라고 들었습니다.
심심풀이 게임으로는 장기가 그만이에요.

7 명사 더러/보고

친구가 나더러 책을 빌려 달라고 했다.
저더러 이 많은 일을 다 하란 말씀이에요?
과장님이 직원들보고 야유회를 가자고 하셨어요.

8 명사 만 하다

내 동생은 키가 너 만하다.
새로 이사간 집은 마루가 운동장만 해서 좋아요.
입사한 지 얼마 안 돼서 월급이 쥐꼬리만 해요.

9 동작동사 고 나서

술 마시고 나서 운전하면 절대 안 돼요.
밥을 먹고 나서 바로 양치질을 하는 게 치아 건강에 좋습니다.
비행기 사고 소식을 듣고 나서 비행기 타기가 무서워졌어요.
※한 학기 동안 공부하고 나니까 말하는 데 자신감이 생겼어요.

10 동작동사 는 한

열심히 공부하지 않는 한 고급반에 갈 수 없을 거예요.
사랑하는 가족들이 있는 한 저는 행복합니다.
제 힘이 닿는 한 끝까지 도와 드리겠습니다.

듣기 과제 2

다음 질문에 답하십시오.

1. 바르게 연결하십시오.

불행하다	괴로워하고 속을 태우다
무시하다	걱정이 되어 마음이 편하지 않다
불안하다	행복하지 않다
고민하다	사물의 존재나 가치를 알아주지 않다

잘 듣고 질문에 답하십시오.

1. 다음 빈칸을 채우십시오.

(1) 민정 씨, 무슨 걱정 있어요? ________ 안 좋네요.

(2) 처음에는 그냥 무시하려고 했는데, ________ 어떻게 할까 고민 중이에요.

(3) 민정 씨가 행운의 편지를 보내면 편지를 받은 사람도 민정 씨처럼 ________ 아니에요?

2. 행운의 편지에 대한 설명으로 맞는 것을 모두 고르십시오.

- ☐ 똑같은 편지를 7통 보내야 한다.
- ☐ 편지 속에 행운이 들어 있다.
- ☐ 편지를 보내지 않으면 불행이 찾아온다.
- ☐ 편지를 받은 사람은 행운을 얻게 된다.

3. 나오코가 민정이에게 편지를 쓰지 말라고 한 이유는 무엇입니까?

짝활동 여러분이 만약 행운의 편지를 받는다면 어떻게 하겠습니까? 친구와 이야기해 봅시다.

이름	어떻게

안색 통 행운 불행 무시하다 괜히 불안하다 고민하다 설마

읽고 말하기

다음 글을 읽고 질문에 답하십시오.

편지의 미래

컴퓨터와 인터넷 환경의 발달로 옛날에는 상상도 못했던 통신 수단이 속속 등장하고 있다. 이메일을 보내는 것은 이제 일상적인 일이 되었다. 홈페이지 게시판에 글을 올려서 자신의 생각을 많은 사람들에게 알리기도 하고, 화상 채팅을 통해 상대방의 얼굴을 보면서 이야기를 나누는 시대가 된 것이다.

하지만 우리는 요즘도 편지를 쓰고 편지를 보낸다. 또한 전화나 이메일을 받을 때보다 편지를 받을 때 더욱 기뻐한다. 그 이유는 한 글자 한 글자 쓰여진 편지를 보면서 글을 쓴 사람의 생각이나 느낌을 잘 알 수 있기 때문이다. 그러므로 사랑을 고백할 때, 용서를 구할 때, 오해를 풀고 싶을 때 우리는 전화나 이메일보다 편지를 쓰게 된다. 한 통의 편지를 받고 나서 기쁨과 고마움을 느끼는 사람들이 있는 한 그 어떤 통신 매체가 개발되더라도 편지는 계속 사랑 받을 것이다.

1. 새롭게 등장한 통신 수단이 아닌 것을 고르십시오.

☐ 이메일 ☐ 홈페이지 게시판 ☐ 전보 ☐ 화상 채팅

2. 편지를 쓰는 경우는 언제입니까?

3. 이 글을 쓴 사람은 편지의 미래를 어떻게 생각하고 있습니까?

☐ 낙관적 ☐ 비관적 ☐ 중립적 ☐ 비판적

모둠 활동 다음 매체들에 대해서 이야기해 봅시다.

내용	좋은 점	나쁜 점
편지		
전화		
이메일		

다음 글을 읽고 질문에 답하십시오.

공적인 편지

편지에는 여러 가지 종류가 있는데 그 목적에 따라 사적인 편지와 공적인 편지로 나눌 수 있다. 이 중에서 공적인 편지는 쓰는 목적이 분명해야 하며 원하는 내용을 정확하게 전달해야 한다. 또한 받는 사람에 대한 예의를 갖추어 쓰는 것이 필요하다.

공적인 편지에는 공문, 초청장, 주문서 등이 있다. 먼저 공문은 회사나 기관에서 업무를 원활히 하기 위해 쓰는 편지이다. 그래서 공문은 정해진 형식을 지키는 것이 매우 중요하다. 초청장은 어떤 행사에 누군가를 초대할 때 쓰게 된다. 이 때는 누가, 언제, 어디서, 무슨 행사를 하는지에 대해 분명히 밝혀야 한다. 결혼식 등 많은 사람을 초대하는 경우에는 대량으로 인쇄를 해서 보내기도 한다. 주문서는 어떤 물건이 필요할 때 주문하는 편지로, 물건의 종류, 수량, 받기 원하는 날짜 등을 자세히 써야 한다.

이 외에 자신이 원하는 정보나 자료를 요청하는 편지가 있는데, 이 때에도 주문서와 마찬가지로 원하는 정보의 내용과 받는 사람의 주소와 이름 등을 정확하게 써야 한다.

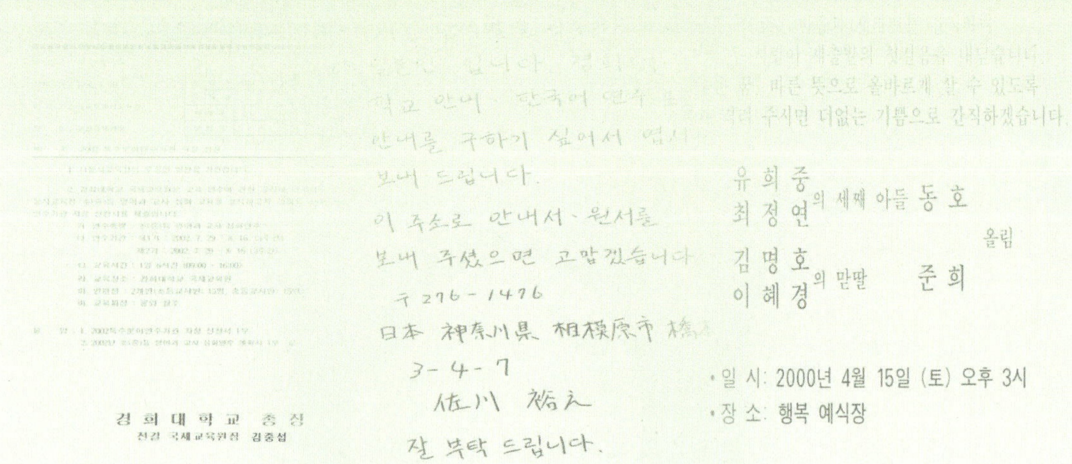

1. 공적인 편지가 <u>아닌</u> 것을 고르십시오.

- ☐ 공문
- ☐ 연하장
- ☐ 초청장
- ☐ 주문서

2. 공적인 편지를 쓸 때의 유의점이 <u>아닌</u> 것을 고르십시오.

- ☐ 쓰는 목적이 분명해야 한다.
- ☐ 원하는 내용을 정확하게 전달해야 한다.
- ☐ 받는 사람에 대한 예의를 갖추어야 한다.
- ☐ 받는 사람에게 감동을 주어야 한다.

3. 위의 내용과 다른 것을 고르십시오.

- [ ] 공문은 업무를 원활히 하기 위해 쓰는 편지이다.
- [ ] 주문서를 쓸 때에는 물건의 종류와 수량 등을 자세히 써야 한다.
- [ ] 초청장의 경우, 받는 사람이 많을 때는 대량으로 인쇄를 하기도 한다.
- [ ] 자료를 요청하는 편지는 행사 내용을 반드시 밝혀야 한다.

짝활동 초청장, 주문서, 요청하는 편지 중 한 가지를 친구와 함께 써 봅시다.

수 신	
발 신	
제 목	

수단 속속 일상 게시판 알리다 화상 채팅 나누다 글자 고백하다 용서 오해 고마움 개발되다 공적 사적 공문 초청장 주문서 기관 업무 원활히 형식 대량 인쇄 수량 마찬가지

쓰 기

다음 글을 읽고 아래의 형식에 맞게 편지를 쓰십시오.

편지 쓰는 방법

① 편지를 받는 사람의 이름과 호칭을 쓴다. 받는 사람이 친구일 때는 '에게' 를 붙이고, 부모님이나 선생님일 때는 '께' 를 붙인다. 이름 앞에는 '보고 싶은, 그리운, 사랑하는, 존경하는' 등을 쓰기도 한다.

② 첫인사를 한다. 먼저 상대방이 그동안 잘 지냈는지 물어본 후 자신의 안부를 전한다. '그동안 잘 지냈니? 나는 잘 있어.', '선생님, 그동안 안녕하셨어요? 저는 선생님 덕분에 잘 지내고 있습니다.' 등으로 쓸 수 있다. 이 때 계절 인사를 함께 하는 것이 보통이다.

③ 상대방에 대한 감사 인사나 사과의 말을 쓴다. '지난 번에 보내준 편지 잘 받았어.', '답장이 늦어서 죄송합니다.' 처럼 쓰면 된다.

④ 편지를 쓴 목적에 맞게 자신이 하고 싶은 말을 쓴다. 안부 편지라면 자신의 요즘 생활에 대해 자세히 쓰고, 부탁 편지라면 무엇을 어떻게 해 달라는 내용을 쓰면 된다.

⑤ 내용을 마무리하고 끝인사를 한다. '그럼, 오늘은 이만 줄일게. 잘 있어.', '그럼, 다음에 또 연락 드리겠습니다. 몸 건강히 안녕히 계십시오.' 와 같이 쓴다.

⑥ 편지 쓴 날짜를 연, 월, 일 순서로 쓴다.

⑦ 자신의 이름을 쓰고 그 뒤에 '씀' 이나 '드림', '올림' 을 쓴다.

⑧ 본문에 쓰지 못한 말이나 특별히 부탁하고 싶은 말이 있을 때는 '추신' 이라고 하고 쓰면 된다.

호칭 그립다 사과 마무리하다 드림 올림 추신

말과 속담

한국 속담 중에 '말 한 마디로 천 냥 빚 갚는다' 는 말이 있다. 이 속담은 말이 그만큼 중요하다는 뜻으로, 말만 잘 하면 어떤 어려움도 해결할 수 있다는 의미로 쓰인다. 실수로 다른 사람에게 피해를 주었을 때, 자신의 실수를 솔직히 인정하고 진심으로 사과한다면, 피해를 입은 사람도 실수를 이해하고 보상을 요구하지 않을 수도 있다.

'가는 말이 고와야 오는 말이 곱다' 는 속담은 상대방에게 예의바르게 말해야 상대방도 예의를 갖추어 대해 준다는 뜻이다. 우리가 낯선 사람에게 함부로 반말을 한다면 상대방은 무척 기분이 나쁠 것이고, 그 사람 역시 함부로 말을 하게 될 것이다.

'낮말은 새가 듣고 밤말은 쥐가 듣는다' 와 '발 없는 말이 천 리 간다' 는 속담은 말을 조심해서 하라는 뜻이다. 흔히 다른 사람에 대한 나쁜 말이나 소문을 전할 때 아무도 듣지 않고 있다고 생각하지만, 자신도 모르는 사이에 멀리 퍼져 나가 금세 모든 사람이 알게 된다는 것이다.

듣기 지문

듣고 말하기 p. 123

나오코 : 빌리! 근무 시간일 텐데 이 시간에 학교에 웬일이야?

빌 리 : 미국에 있는 친구가 뭐 좀 부탁한 게 있어서 왔다가, **온 김에** 네 얼굴 좀 보고 가려고. 지금 시간 괜찮아?

나오코 : 응, 마침 오후 수업이 휴강이라서 시간 있어. 그런데 친구가 무슨 부탁을 했는데?

빌 리 : 한국에 있는 대학원에 입학하고 싶다고 입학 자료를 좀 구해 달라고 해서 왔어. 손에 들고 있는 건 뭐야?

나오코 : 응, 이거 김인데 일본에 소포로 보낼 거야. 엄마가 좋아하시거든.

빌 리 : 그래, 일본 사람들이 한국 김을 좋아한**다고들 하더라**. 그럼 지금 우체국에 가야 되는 거 아니야?

나오코 : **어차피** 오늘은 늦은 것 같**으니까** 내일 보내지 뭐. 좀 피곤해 보이는데 어디 아프니?

빌 리 : 아니, 어제 주위가 시끄러워서 잠을 좀 설쳤거든. 아침에는 많이 피곤했는데, 지금은 괜찮아.

나오코 : 아직 저녁 안 먹었지? 오랜만에 삼겹살**에다가** 소주 한 잔 어때?

빌 리 : 그거 좋지. 술안주**로는** 삼겹살**이 그만이지**. 참, 지난 번에 네가 말했던 민정 씨 있잖아. 그 친구**더러** 바쁘지 않으면 나오라고 해. 같이 저녁 먹자.

듣기 과제 1 p. 124

사랑과 감사의 마음을 전하는 방법 중에서 편지**만한** 것이 있을까? 편지는 그 어떤 선물보다도 받는 사람에게 깊은 감동을 줄 수 있다. 하지만 편지에는 단점도 많다. 가장 큰 단점은 시간이 많이 걸린다는 것이다. 왜냐하면 편지지와 편지 봉투, 우표 등 준비해야 할 것이 많고, 편지를 쓸 때도 시간이 많이 걸리며, 편지가 도착하는 데에도 적지 않은 시간이 필요하기 때문이다. 또 편지가 제대로 도착했는지 확인하는 것도 쉽지 않다. 이런 단점들을 보완하기 위해서 빠른 우편이나 등기, 전보 등 특별한 우편 배달 방법이 등장했다. 최근에는 집이나 사무실까지 직접 편지나 물건을 전달해 주는 택배가 높은 인기를 얻고 있다.

듣기 과제 2 p. 128

나오코 : 민정 씨, 무슨 걱정 있어요? 안색이 안 좋네요.

민　정 : 네, 실은 며칠 전에 이상한 편지를 한 통 받았거든요.

나오코 : 이상한 편지라니요?

민　정 : 행운의 편지라고 하는 건데, 똑같은 편지를 7통 써서 다른 사람한테 보내야 된대요.

나오코 : 행운의 편지라면 나쁠 것 같지 않은데요. 받는 사람한테 행운을 주는 편지 아니에요?

민　정 : 행운을 주는 게 아니라, 다른 사람한테 편지를 보내지 않으면 불행이 찾아온대요.

나오코 : 그래요? 그럼 행운의 편지라기보다는 불행의 편지네요. 어떻게 할 생각이에요?

민　정 : 처음에는 그냥 무시하려고 했는데, 괜히 불안해져서 어떻게 할까 고민 중이에요.

나오코 : 제가 민정 씨라면 그 편지를 다른 사람한테 보내지는 않을 거예요. 민정 씨가 행운의 편지를 보내면 편지를 받은 사람도 민정 씨처럼 고민할 거 아니에요?

민　정 : 정말 그렇겠네요. 나는 다른 사람을 생각해서 편지를 안 보내는 거니까, 설마 불행이 찾아오지는 않겠죠?

단어 맞추기

가로열쇠

1 나오코는 ○○○에 다닙니다. 대학교를 졸업하고 공부를 더 하려면 여기에 갑니다.

3 보고하는 글이나 문서.

5 사람이 원래 가지고 있는 착한 마음. ○○ 많은 옆집 아저씨.

7 공중에 있는 물기. 계속되는 장마로 방에 ○○가 가득 차 있다.

8 책을 빌리거나 읽는 장소.

10 지금 전화하고 있습니다. ○○○이에요. 잠시 후에 다시 걸어주세요.

12 편지는 보통 이렇게 시작하죠. ○○○ 안녕하셨습니까?

13 책임지고 뽑아서 소개하는 것. 이 사람을 ○○합니다.

14 아직 오지 않은 현재 이후의 시간. 과거의 반대말.

15 봄, 여름, 가을, 겨울.

17 한국의 수도.

19 한라산, 돌하루방으로 유명한 섬.

21 '바다 밖' 이란 뜻으로 외국을 가리키는 말. 빌리는 ○○홍보를 담당하고 있습니다.

22 삼국 ○○, 고려 ○○, 조선 ○○에는 왕이 나라를 다스렸습니다.

24 수도를 통해서 나오는 물.

25 손을 씻으려면 ○○○에 가야 합니다.

세로 열쇠

1 지하철이나 버스처럼 많은 사람들이 이용하는 교통 수단.

2 어떤 일이 일어나는 이유나 까닭.

3 다음 〈○○〉와 같이 문장을 바꾸어 쓰십시오.

4 캐나다의 ○○○○은 기후가 따뜻하고 비가 많이 온다. 〈6과, 읽기〉

6 중고는 보통 6개월 ○○ 보증을 해 줍니다. 〈4과, 듣기〉

7 자주 해서 매일하게 된 것. 일찍 자고 일찍 일어나는 ○○을 기릅시다.

9 우리는 ○○ 도와주며 살아야죠.

11 추석, 한가위의 다른 이름.

12 1년 중 가장 쾌적한 날씨가 된다. ○○○ 가을을 독서의 계절이라고도 한다. 〈5과, 쓰기〉

15 사탕무처럼 설탕을 만드는 식물 이름.

16 여러 번. ○○ 만나는 친구가 진짜 친구다.

18 도서관 ○○○○에서 비디오를 볼 수도 있다. 〈7과, 읽기〉

19 예외로 놓다. 남부 · 제주지방을 ○○하고 전국적으로 대설주의보가 ……. 〈5과, 읽기〉

20 자동차, 건물, 사람이 많은 곳. 시골의 반대말.

21 해산물의 준말. 태국에서는 싱싱한 ○○ 요리를 마음껏 먹을 수 있다. 〈6과, 읽기〉

23 마주 이야기하는 것. 다음 ○○를 잘 듣고 질문에 답하십시오.

모범 답안

제 1 과 첫인상

듣고 말하기 p.14

1. ☑ 전공
2. 신다 – 벗다, 간단하다 – 복잡하다, 진하다 – 옅다, 얻다 – 잃다, 화려하다 – 수수하다

1. (1) 앉으세요. (2) 하느라고 (3) 앞으로의
2. ☑ 일본 역사
3. ☑ 고향이 어디입니까?

듣기 과제 1 p.15

1. (1) 깨끗한 (2) 정장을 (3) 좋은 인상을
2. 신발 – 소리가 크게 나지 않는 것, 머리 모양 – 짧은 스타일, 옷 – 정장, 화장 – 진하지 않게

문법 p.16

1 1. 전화 받느라고 늦었어요.
2. 밀린 일을 하느라고요.
3. 공부를 하느라고요.

2 1. 한국에 온 지 일 년 됐어요.
2. 비행기 표를 예약한 지 한 달이 됐어요.
3. 탈춤을 배운 지 일주일이 되었습니다.

3 1. 바꾸게 되었습니다.
2. 친구 소개로 오게 됐어요.
3. 이사를 가게 됐어요.

4 1. 주말에 날씨가 좋다면 야외로 놀러 갈 거예요.
2. 복권에 당첨된다면 넓은 집으로 이사가고 싶어요.
3. 내가 선생님이라면 숙제를 조금만 낼 거예요.

듣기 과제 2 p.19

1. ☑ 운명

1. (1) 운명을 맞추는 (2) 겁이 많고 (3) 먹을 복이
2. ☑ 눈
3. 이마가 넓다 – 마음이 착하다, 귀가 크다 – 오래 산다, 코가 잘 생겼다 – 재산과 명예를 얻는다, 눈이 빛난다 – 머리가 좋다

읽고 말하기 p.21

1. 반 친구 소개
2. ☑ 알리, 한스
3. ② 알리 ③ 한스 ④ 제임스 ⑤ 알랭 ⑥ 민영

1. 자신의 생각을 제대로 전달하는 것
2. 면접관에게 좋지 않은 인상을 줄 수 있기 때문에
3. ■ 1학년 때는 동아리 활동을 열심히 하느라고 학과 공부를 제대로 못했습니다. ■ 회사에 일이 있다면 물론 출근하겠습니다.

쓰기 p.23

① 나는 어렸을 때<u>부터</u> 사람들<u>을</u> 만나는 것<u>을</u> 좋아합니다.
② 새로운 사람을 만나서 그 사람의 성격<u>을</u> 조금씩 알아 가는 것<u>이</u> 너무 재미있습니다.
③ **(하지만)** 가끔 사람<u>의</u> 첫인상<u>과</u> 성격이 너무 달라서 놀랐을 적도 있습니다.
④ 사람<u>을</u> 처음 만날 때 우리는 자기<u>도</u> 모르게 그 사람<u>을</u> 평가하게 됩니다.
⑤ 보통 그 사람<u>의</u> 얼굴, 옷차림 등 겉으로 보이는 것<u>만으로</u> 평가합니다.
⑥ **(하지만)** 외모만으로 사람<u>을</u> 평가하면 안 됩니다.
⑦ 외모가 그 사람<u>이</u> 살아 온 삶을 말해 주지는 않기 때문입니다.
⑧ 그 사람<u>을</u> 가장 솔직하게 보여 주는 것<u>은</u> 눈과 손입니다.
⑨ **(특히)** 눈<u>은</u> 사람<u>의</u> 감정을 가장 정직하게 보여 줍니다.
⑩ 속으로는 슬프지만 겉으로 웃을 때<u>가</u> 있습니다.
⑪ **(하지만)** 이 때<u>도</u> 눈은 거짓말<u>을</u> 못합니다.
⑫ **(그리고)** 손은 그 사람이 살아 온 시간<u>을</u> 말해 줍니다.
⑬ **(예를 들어)** 거친 손을 가진 사람은 고생<u>을</u> 많이 한 사람입니다.

제 2 과 취미

듣고 말하기 p.28

1. ☑ 취미
2. 볼링 – 치다, 바둑 – 두다, 동전 – 모으다, 모형 – 만들다, 스키 – 타다

1. (1) 잘 치겠구나. (2) 잘 치지는 (3) 자주
2. ■ 나오코 : 볼링 ■ 한수 : 바둑
3. 집중력을 키우는 데 좋다.

듣기 과제 1 p.29

1. (1) 같아요. (2) 실제로 (3) 유명한
2. ☑ 옷장
3. ☑ 모형 만들기는 어른들이 좋아한다. ☑ 플라스틱 모형이 더 멋있다.

문법 p.30

1 1. 잘 지냈어.
2. 응, 아주 재미있었어.
3. 응, 그래. / 아니, 조금 있다가 갈 거야.

2 1. 네, 탈 줄 알아요.
2. 아니요, 고칠 줄 몰라요.
3. 네, 만들 줄 알아요.

3 1. 어렵기는 하지만 재미있습니다.
2. 조금 좁기는 하지만 깨끗해서 좋아요.
3. 재미있기는 했지만 영화가 너무 길었어요.

4 1. 과장님은 회의를 하는 중에(/ 회의 중에) 전화를 받고 나가셨습니다.
2. 공부를 하는 중에는(/ 공부 중에는) 말을 걸지 마세요.
3. 책을 읽는 중에(/ 독서 중에) 갑자기 정전이 되었습니다.

5 1. 착해 보였습니다.
2. 좋아 보여요.
3. 점잖아 보이는 옷을 입어요.

6 1. 텔레비전 보면서 과일을 먹고 있어요.
2. 맛있으면서 건강에도 좋으니까요.
3. 거짓말을 하면서 사람을 속이니까요.

듣기 과제 2 p.34

1. ■ 라디오 (청취) ■ 우표 (수집) ■ 텔레비전 (시청) ■ 스포츠 (관람) ■ 영화 (감상) ■ 음악 (감상)

1. (1) 여행을 (2) 즐거움을 (3) 푸는
2. ☑ 게임이나 독서
3. ☑ 즐거움을 얻을 수 있기 때문에 ☑ 스트레스를 풀기 위해 ☑ 몸과 마음의 건강을 위해

읽고 말하기 p.36

1. ☑ 머리에 꼭 맞는 헬멧을 씁니다. ☑ 바닥이 딱딱한 신발을 신습니다.
2. 머리를 다치면 아주 위험하기 때문에
3. 지칠 때까지 자전거를 타면 안 된다.

1. 돈도 적지 않게 들고, 주말에 아내 혼자 집에 있어야 하기 때문에
2. ☑ 27만원
3. 27만원짜리 고무 보트를 아내가 7만원에 팔았기 때문에

쓰기 p.39

내 취미는 영화 감상이다. 영화 감상은 흔한 취미이기는 하지만, 내가 영화를 좋아하게 된 데에는 좀 특별한 사연이 있다.

나는 초등학교 때부터 영화를 좋아했는데, 그것은 우리 아버지 덕분이었다. 우리 아버지는 텔레비전 프로그램 중에서 '주말의 명화'를 제일 좋아하셨다. 주말의 명화는 좋은 옛날 영화만 뽑아서 보여 주는 프로그램이었다. 나는 다른 프로그램을 보고 싶었지만, 아버지 때문에 할 수 없이 주말의 명화를 봐야 했다. 아버지는 영화를 보시면서 젊었을 때 이야기를 해 주셨다. 지금 생각해 보면, 아버지는 기억력이 좋은 분이셨다. 아버지는 언제, 어디에서 누구와 함께 그 영화를 보았는지 정확하게 기억하고 계셨다. 처음에 나는 영화 보는 것을 별로 좋아하지 않았다. 왜냐하면 내가 이해하기에는 영화가 좀 어려웠기 때문이다. 하지만 시간이 지나면서 나는 영화보다 아버지의 이야기에 재미를 느꼈다. 그러다 보니 어느새 영화도 좋아하게 되었다.

요즘은 바빠서 영화를 잘 보지 못한다. 하지만 가끔 텔레비전에서 오래된 영화가 나오면 아버지 생각이 나서 꼭 보게 된다.

제 3 과 직장 생활

듣고 말하기 p.43

1. ☑ 회사
2. 입사하다 – 사원이 되어 회사에 들어가는 것, 홍보하다 – 상품이나 사업 등을 널리 알리는 것, 담당하다 – 어

떤 책임을 맡아 하는 것, 전공하다 – 어떤 학문을 전문적으로 연구하는 것, 예약하다 – 어떤 것을 사용하거나 이용하기 위하여 미리 약속하는 것

1. (1) 앞으로 (2) 이번에 (3) 한국어 공부를
2. ☑ 자기 소개
3. 해외 홍보
4. 신입 사원 환영 회식

듣기 과제 1 p.44

1. (1) 뭐가 뭔지 (2) 서툴러서 (3) 경험할
2. ☑ 나오코의 대학원 친구
3. ☑ 나오코는 내일 민정이를 만날 예정이다.

문법 p.45

1 1. 아픈가 봐요.
2. 안 좋은가 봐요.
3. 먹었나 봐요.

2 1. 저는 이게 더 마음에 드네요.
2. 정말 기쁘네요.
3. 버스가 안 오네요.

3 1. 맛있잖아요.
2. 건강에 나쁘잖아요
3. 한국말을 오랫동안 공부했잖아요.

4 1. 힘들었었어요.
2. 좋아했었어요.
3. 꿈이었었어요.

5 1. 준비해 두셨어요. / 준비해 놓으셨어요.
2. 켜 놓으세요. / 켜 두세요.
3. 걸어 놓았어요. / 걸어 두었어요.

6 1. (아무리) 입맛이 없어도 아침을 먹어야 합니다.
2. (아무리) 기분이 나빠도 참아야 합니다.
3. (아무리) 기다려도 친구가 오지 않았습니다.

7 1. 끝나자마자 갔다 왔어요.
2. 개봉하자마자 봤어요.
3. 듣자마자 잊어버렸어요.

8 1. 언제 떠날지 모르겠습니다.
2. 전화번호는 몇 번인지 생각이 안 나요.
3. 갈 수 있을지 모르겠습니다.

듣기 과제 2 p.49

1. 식당에서 아르바이트생을 구하는 광고
2. ☑ 서빙 ☑ 배달 ☑ 청소 ☑ 요리 ☑ 설거지

1. (1) 가는 길이니? (2) 하고 있어서요. (3) 하려고 해요.
2. 번역 3. ☑ 나오코는 월급을 받으면 여행을 갈 생각이다.

읽고 말하기 p.51

1. 월급, 사회적 가치, 적성
2. 적성에 맞지 않으면 오래 하기 힘들고, 스스로 만족하기도 어렵기 때문에
3. 사회적 지위가 높은가, 위험하지 않은가 등.

1. ☑ 늦잠을 잤다. ☑ 지하철이 늦게 왔다. ☑ 오다가 화장실에 갔다.
2. ☑ 김 대리는 과장님에게 야단을 맞았다.
3. 지각을 할 것 같으면 두 시간 정도 늦게 와야겠다고 결심했다.

쓰기 p.54

① 저는 중국에서 온 왕영이라고 합니다.
② 저는 1980년에 중국 북경에서 태어났습니다.
③ 자상하신 어머니와 엄격하신 아버지 밑에서 "약속을 지키는 사람이 되라"는 말씀을 들으면서 자랐습니다.
④ 초등학교와 중고등학교를 다닐 때는 책 읽는 것을 좋아했습니다.
⑤ (특히) 중학교 때 읽은 헤밍웨이의 "누구를 위하여 종을 울리나"는 아직도 잊을 수가 없습니다.
⑥ 어릴 때부터 기계에 관심이 많아서 대학도 기계공학과를 선택했습니다.
⑦ (그리고) 4년 동안 친구들과 함께 사회 봉사 동아리에서 활동한 경험도 있습니다.
⑧ 제가 한국을 처음 방문한 것은 대학교 3학년 때입니다.
⑨ (그 때) 한국의 정보통신 산업이 발달한 것을 보고 꼭 한국에서 일을 하고 싶었습니다.
⑩ 대학을 졸업한 후에 한국에서 1년 6개월 동안 한국어 연수

를 했습니다.

⑪ (그래서) 지금은 한국어를 말하거나 들을 때 불편한 점은 없습니다.

제 4 과 환불

듣고 말하기 p.60

1. ☑ 백화점
2. 냉장고, 컴퓨터, 세탁기-가전제품 매장, 치마, 양복, 와이셔츠-의류 매장, 운동화, 축구공-스포츠 용품 매장, 구두, 화장품, 반지-패션 잡화 매장, 고기, 생선, 야채, 통조림-식품 매장

1. (1) 교환하고 싶다고 (2) 작더군요. (3) 넘지 않았으니까
2. ☑ 갑자기 전화가 오는 바람에 3. ☑ 약간 작아서

듣기 과제 1 p.61

1. (1) 환불이 가능합니다. (2) 수수료를 내셔야 (3) 환불해 드리고, 되지 않습니다.
2. ■ 출발지 : 서울 ■ 도착지 : 부산
   ■ 열차의 종류 : 무궁화호 ■ 매수 : 두 장
3. ☑ 열차 출발 이틀 전까지는 수수료가 없다.

문법 p.63

1 1. 옆집에서 싸우는 바람에 못 잤어요.
2. 버스가 늦게 오는 바람에 늦었어요.
3. 날씨가 갑자기 추워지는 바람에 감기에 걸렸어요.

2 1. 도쿄와 런던은 물가가 얼마나 비싼지 몰라요.
2. 출퇴근 시간에는 지하철이 얼마나 편리한지 몰라요.
3. 나오코 씨의 한국어 실력이 얼마나 좋아졌는지 몰라요.

3 1. 형 생일 파티에 친구들이 많이 왔더군요.
2. 어제 선 본 아가씨는 참 예쁘더군요.
3. 민정 씨가 밤늦게까지 공부를 하더군요.

4 1. 수업이 끝난 후에 도서관에 갈까 합니다.
2. 이번 주말에 설악산으로 여행을 갈까 합니다.
3. 졸업 후에 외국으로 유학을 갈까 합니다.

5 1. 회사에 일이 많아서 시간이 없거든요.
2. 어제 잠을 잘 못 잤거든요.
3. 우리 아들이 대학에 합격했거든요.

6 1. 아무 것도 없었습니다.
2. 아무 색이나 주세요.
3. 아무 때나 괜찮아요.

듣기 과제 2 p.66

1. 아무래도 - 아무리 생각해 봐도, 마침 - 어떤 경우나 시간에 꼭 알맞게, 중고 - 다른 사람이 이미 사용한 물건, 알아보다 - 조사하거나 살펴보다, 보증 - 어떤 일이나 상품을 책임지고 증명하는 것

1. (1) 중고 컴퓨터도 (2) 소개해 줄까요? (3) 보증을 해 줍니다.
2. ☑ 전문 상가 3. ☑ 중고품은 6개월 정도이다.

읽고 말하기 p.68

1. ☑ 구입한 물건이 마음에 들지 않을 때 ☑ 구입한 물건에 문제가 있을 때
2. ☑ 백화점에서는 언제든지 환불이 가능하다.
   ☑ 재래 시장에서는 교환을 해 주지 않는다.
3. ☑ 한 달 전에 산 시계 ☑ 세탁을 한 바지

1.

	예전	요즘
쇼핑 시간	낮 시간	밤 시간
쇼핑 장소	백화점, 재래 시장	대형 할인점, 전문 상가
쇼핑 방법	직접 방문 구입	인터넷 쇼핑, TV 홈 쇼핑

2. 백화점에 비해서는 값싸게, 재래 시장에 비해서는 편리하게 물건을 구입할 수 있다.
3. 녹용, 인삼, 대추-경동시장, 무궁화, 선인장, 국화-양재꽃시장, 배추, 귤, 수박-가락시장, 오징어, 명태, 조개-노량진시장

쓰기 p.71

2. (③) 부모님이 기뻐하시는 모습을 생각했습니다.
3. (①) 부모님께 드릴 선물을 골라서 주문을 했습니다.
4. (④) 내용물을 확인하기 위해 상자를 열어 봤습니다.

5. (×) 선물을 사러 학교 앞 시장에 나갔습니다.
6. (④) 아무리 찾아봐도 선물은 보이지 않았습니다.
7. (×) 은행에 가서 돈을 찾았습니다.
8. (②) 며칠 후 선물이 도착했습니다.
9. (②) 택배 아저씨로부터 물건을 받았습니다.
10. (④) 하지만 배달된 포장지 안에는 아무 것도 없었습니다.

단어 맞추기(1~4과) p.75

1 영	국		2 한	3 국		4 하		5 집
화				제		6 회	의	중
배		7 교		관		탈		력
8 우	체	통		9 계	획		10 세	
		11 사	과			12 실	수	
	13 신	고			14 노	력		15 젓
16 출	발		17 비	18 판				인
국		여	행	사			20 관	상
	21 갑	19 자	기		22 비	바	람	

제5과 날씨와 생활

듣고 말하기 p.78

1. ☑ 날씨
2. 항공기, 국제선-공항, 서울역, 기차-정거장, 버스, 교통 체증-정류장

1. (1) 도착한다고 (2) 이렇게 (3) 그렇대.
2. ☑ 9시 30분
3. ☑ 안개가 짙게 끼어서

듣기 과제 1 p.79

1. (1) 건조해서 (2) 젖은, 널어 놓고 (3) 나을 것 같아요.
2. ☑ 환절기여서 ☑ 너무 건조해서
3. ☑ 젖은 빨래 ☑ 물 그릇

문법 p.80

1 1. 동생이 타던 자전거가 고장났어요.
2. 언니가 입던 옷을 내가 입어요.
3. 어제 읽던 책을 가방에 넣어 두었어요.

2 1. 추워져서 2. 빨개졌어요. 3. 슬퍼져요.

5 1. 빌리 씨는 왜 아직 안 오냐고 해요.(/오내요)
2. 어느 게 더 좋냐고 해요.(/좋내요)
3. 내일 날씨는 어떠냐고 해요.(/어떠내요)

이민정 씨는 나오코 씨의 <u>친구라고 합니다</u>. 현재 석사 과정에서 국제 관계를 <u>공부하고 있다고 합니다</u>. 민정 씨의 취미는 모형 만들기와 <u>여행이라고 합니다</u>. 하지만 시간이 없어서 여행을 자주 가지는 <u>못 한다고 합니다</u>. 지난 주말, 민정 씨는 나오코 씨와 함께 충주로 여행을 <u>가기로 했다고 합니다</u>. 그래서 미리 차표를 예매하고 필요한 물건도 <u>사 놓았다고 합니다</u>. 그런데 여행을 떠나기 며칠 전부터 비가 내리기 <u>시작했다고 합니다</u>. 예년보다 장마가 일찍 찾아왔기 <u>때문이라고 합니다</u>. 민정 씨는 나오코 씨에게 <u>어떻게 하겠냐고 물었습니다(/ 물었답니다)</u>. 나오코 씨는 여행을 <u>연기하는 게 좋겠다고 했습니다(/ 했답니다)</u>. 그래서 두 사람은 여행을 미루고 차표도 환불했다고 합니다. 하지만 장마가 끝나자마자 곧 여행을 <u>떠날 거라고 합니다</u>.

6 2. 값이 비싼 걸 보니까 품질이 좋은가 봐요.
3. 날이 흐린 걸 보니까 비가 오나 봐요.
4. 한국어를 잘하는 걸 보니까 공부를 열심히 했나 봅니다.
5. 사람들이 많은 걸 보니까 무슨 사고가 났나 봅니다.

7 1. 쓰러질 정도예요.
2. 외울 정도예요.
3. 못 알아볼 정도였습니다.

8

	-아/어요	-고	-습니다	-(으)니까	-았/었습니다
짓다	지어요	짓고	짓습니다	지으니까	지었습니다
낫다	나아요	낫고	낫습니다	나으니까	나았습니다
긋다	그어요	긋고	긋습니다	그으니까	그었습니다
젓다	저어요	젓고	젓습니다	저으니까	저었습니다
붓다	부어요	붓고	붓습니다	부으니까	부었습니다
잇다	이어요	잇고	잇습니다	이으니까	이었습니다
벗다	벗어요	벗고	벗습니다	벗으니까	벗었습니다
웃다	웃어요	웃고	웃습니다	웃으니까	웃었습니다

듣기 과제 2 p.84

1. ☑ 비
2. 영동 지방-강원도, 남부 지방-경상도, 전라도, 중부지방-경기도, 충청도

1. (1) 많이 끼겠고 (2) 남부, 영동 지방에 (3) 소나기가 오는
2. ☑ 전국적으로 구름이 낀다. ☑ 오늘보다 기온이 낮아진다.
3. ☑ 우산

읽고 말하기 p.86

1. ■ 대전 : 25.2㎝ ■ 서울 : 15㎝
2. ☑ 퇴근길에 큰 혼란이 있었다.
3. 두터운 눈구름 때문에.

1. ☑ 광고를 보고 많은 사람들이 가입 신청을 했다.
   ☑ 그 회사는 큰 이익을 얻을 수 있었다.
2. 크리스마스에 눈이 오는 것.
3. 눈이 오는 날 영화 '러브 스토리'의 음악을 틀었다.

제 6 과 여행

듣고 말하기 p.93

1. ☑ 환전
2. 경품 – 당첨되다, 좌석 – 예약하다, 기회 – 생기다, 계획 – 세우다, 수표 – 발행하다

1. (1) 나랑 같이 (2) 해돋이가 (3) 부담 가질
2. ☑ 비행기 표가 공짜로 생겨서
3. 이번 연휴에

듣기 과제 1 p.94

1. (1) 해외 여행 준비는 (2) 기후에 따라 (3) 세면도구와
2. ☑ 발행 목적
3. ☑ 긴 소매 셔츠 ☑ 우산 ☑ 선글라스 ☑ 치약·칫솔 ☑ 소화제 ☑ 수건 ☑ 진통제 ☑ 모자

문법 p.95

1 1. 못 온다니요? 저한테는 온다고 했는데요.
2. 선물이라니요? 못 받았는데요.
3. 현지 학습이라니요? 저는 못 들었는데요.

2 1. 힘들기는 하지만 할 만해요.
2. 들을 만해요.
3. 그 사람이라면 일등을 할 만해요.

3 1. 재미있더라고요.
2. 눈이 나빠졌더라고요.
3. 너무 힘들더라고요.

4 1. 길을 모르는데다가 전화번호도 몰라서 가지 못했어요.
2. 집에 컴퓨터가 없는 데다가 근처에 PC방도 없어서 숙제를 못했어요.
3. 값이 비싼 데다가 품질도 나빠서 사지 않았어요.

듣기 과제 2 p.97

1. (1) 예매하려고 (2) 예정인데요. (3) 성함하고 연락처를
2. ☑ 서울로 돌아오는 비행기 좌석은 없다.
   ☑ 비행기 요금은 아주 비싸다.

읽고 말하기 p.100

1. 태국 2. 이탈리아 3. 중국 4. 캐나다 5. 호주

1. ☑ 독특한 전통 문화가 있기 때문에 ☑ 이국적인 경치를 느낄 수 있기 때문에
2. 화산의 분화구에 물이 고여 만들어졌다.
3. ☑ 백록담은 규모가 매우 커서 유명하다.

제 7 과 정보

듣고 말하기 p.109

1. ☑ 인터넷
2. 홈페이지 – 인터넷을 통해 홍보하기 위해 만든 문서, 보고서 – 조사한 내용이나 결과를 적은 문서, 회신 – 편지나 어떤 물음에 대한 답, 참고 – 도움이 되는 자료로 활용하는 것, 지사 – 본사 밑에서 어떤 지역의 일을 담당하는 회사

1. (1) 적지 않을 텐데 (2) 되잖아요. (3) 좋은 생각이

2. ☑ 영철과 빌리는 함께 보고서를 작성하고 있다.
☑ 지금 빌리는 문서 보관실에 있다.
3. 문서 보관실에 있는 작년 보고서를 참고하라는 것.

듣기 과제 1 p.110

1. (1) 거기 위치를 좀 (2) 이용하시는 게 (3) 알려 주시겠어요?
2. ☑ 공연 시간 ☑ 관람료
3. ☑ 예술의 전당은 지하철 청량리역에서 가깝다.

문법 p.111

1 1. 과제는 이메일로 제출하라고 합니다.
2. 수업 중에 자꾸 귀찮게 하지 말라고 해요.
3. 자기를 좀 도와 달라고 합니다.

2 1. 시험 끝나고 같이 등산 가자고 합니다.
2. 졸리니까 산책 좀 하자고 합니다.
3. 지금은 길이 막힐 시간이니까 지하철을 타자고 해요.

3 1. 바쁘실 텐데
2. 길이 많이 막힐 텐데
3. 집에서 걱정하실 텐데

4 1. 여비를 마련하는 대로
2. 입금이 확인되는 대로
3. 통화가 끝나는 대로

5 1. 내용을 이해하기만 하면 돼요.
2. 봉투에 넣어 주시기만 하면 돼요.
3. 다음 주까지만 내면 돼요.

듣기 과제 2 p.113

신문 – 세상에 대한 새로운 소식을 알려주는 종이, 라디오 – 소리만 들려 주는 방송, 텔레비전 – 영상과 소리를 함께 전달해 주는 방송, 인터넷 – 전 세계적으로 연결된 정보통신망

1. (1) 뉴스를 전해 주는 (2) 자세한 내용을 (3) 환경의 발달로
2. ☑ 잡지 3. 운전을 할 때나 여행을 갔을 때

읽고 말하기 p.115

1. 열람실 – 공부를 한다, 자료실 – 신문과 잡지를 읽는다, 전산실 – 인터넷을 한다, 시청각실 – 비디오를 본다
2. 도서 검색용 컴퓨터에서 서명, 저자명, 키워드, 출판사 중 하나를 선택하여 검색어를 입력한다.
3. 시간을 절약할 수 있기 때문

1. 정보의 역할이 중요시되는 사회
2. ☑ 컴퓨터의 발달로 다른 정보 매체는 사라지게 될 것이다.
3. ☑ 정보 혁명의 가속화

제 8 과 편지

듣고 말하기 p.123

1. ☑ 소식
2. 전보 – 치다, 우표 – 붙이다, 전화 – 걸다, 소포 – 부치다

1. (1) 소포로 보낼 거야. (2) 피곤해 보이는데 (3) 바쁘지 않으면
2. ☑ 대학원 입학 자료를 구하기 위해서
3. ☑ 빌리의 친구는 지금 서울에 있다. ☑ 민정이와 저녁 식사 약속을 했다.
4. 삼겹살에다가 소주

듣기 과제 1 p.124

1. (1) 깊은 감동을 (2) 도착했는지 (3) 빠른 우편이나 등기
2. ☑ 시간이 너무 많이 걸리다. ☑ 제대로 도착했는지 확인하기 어렵다.
3. 집이나 사무실까지 직접 편지나 물건을 배달해 주기 때문이다.

문법 p.125

1 1. 예, 시내에 나간 김에 한 벌 샀어요.
2. 강원도에 가는 김에 잠깐 다녀오려고요.
3. 나온 김에 영화 한 편 볼까요?

2 1. 칼국수가 맛있다고들 하더라고요.

2. 요즘 나온 집이 별로 없다고들 하더라고요.
3. 경기가 좋아질 거라고들 하던데요.

3 1. 아무리 힘들더라도
2. 이번에 결과가 좋지 않더라도
3. 다시 만나더라도

듣기 과제 2 p.128

1. 불행하다 – 행복하지 않다, 무시하다 – 사물의 존재나 가치를 알아주지 않다, 불안하다 – 걱정이 되어 마음이 편하지 않다, 고민하다 – 괴로워하고 속을 태우다

1. (1) 안색이 (2) 괜히 불안해져서 (3) 고민할 거
2. ☑ 똑같은 편지를 7통 보내야 한다. ☑ 편지를 보내지 않으면 불행이 찾아온다.
3. 편지를 받은 사람이 민정이처럼 고민할 것이기 때문에

읽고 말하기 p.129

1. ☑ 전보
2. 사랑을 고백할 때, 용서를 구할 때, 오해를 풀고 싶을 때
3. ☑ 낙관적

1. ☑ 연하장
2. ☑ 받는 사람에게 감동을 주어야 한다.
3. ☑ 자료를 요청하는 편지는 행사 내용을 반드시 밝혀야 한다.

단어 맞추기(5–8과) p.137

1 대	학	2 원				3 보	고	4 서
중		5 인	6 정		7 습	기		부
교			8 도	9 서	관			연
10 통	화	11 중		로		12 그	동	안
		13 추	천		14 미	래		
15 사	계	절		16 자		17 서	울	18 시
탕			19 제	주	20 도			청
수		21 해	외		22 시	23 대		각
24 수	돗	물				25 화	장	실

문법

제 1 과 첫인상

(동작동사)**느라고**

1. 앞말에 해당하는 행동을 하기 위해 노력한 것이 원인이나 이유가 되어 뒤의 사실이 일어나게 되었음을 나타냄.

ex) 대학 다니느라고 언제 기술 배울 틈이 있었나.
학비를 대느라고 시골의 땅은 다 팔았다.

'A를 하느라고 B를 하지 못했다' 와 같이 선택적인 상황에 사용되는 것이 보통이다. 앞절과 뒷절의 주어는 항상 같다.

(동작동사)**(으)ㄴ 지**

1. 동작이 끝난 후에 시간이 얼마 지났는지를 나타냄.

ex) 어느새 해방이 된 지 이십 년이 넘었네.
한국인들이 이곳에 온 지가 얼마나 됐습니까?

뒤에는 '1년', '한 달', '하루' 와 같은 일정한 기간이 와야 하며, 그 뒤에는 '되다' 또는 '만에' 가 오는 것이 보통이다.

(동작동사)**게 되다**

1. 그러한 상황에 이르게 됨을 나타냄.

ex) 불경기로 회사가 문을 닫게 되었어요.
늦가을로 접어들자 잔디가 누렇게 되었다.

의지가 없는 자연발생적인 상황에 쓰인다.

(동사)**(ㄴ/는)다면**

1. 앞의 사실이나 상황을 가정하는 뜻을 나타냄.

ex) 나를 찾은 용건이 사과하는 것이었다면, 개의치 않으니까 이제 돌아가십시오.
고객의 동의 없이 자기들 마음대로 서비스에 가입시킨다면 문제가 되지 않을까요?

'-다고 하면' 의 준말로, '-이다' 는 '-이라면', '아니다' 는 '아니라면' 으로 바뀐다.

(명사)에 대해서

1. '그것과 관련됨' 의 뜻을 나타냄.

ex) 전 다른 사람이 하는 일에 대해서 되도록 간섭하지 않아요.
그 사람은 바뀐 규정에 대해 잘 몰라요.

'대하다' 는 '-에 대한', '-에 대해서', '-에 대하여' 등으로 불완전한 활용을 한다.

(상태동사)게

1. 말하는 이가 그러하다고 생각함을 나타냄. '-다고' 의 뜻

ex) 많은 사람들이 그를 가엾게 여긴다.
세월이 지날수록 가족이 점점 더 소중하게 느껴진다.

2. 정도, 방식을 나타냄. '-(으)ㄴ 상태로', '-(으)ㄴ 정도로' 의 뜻

ex) 내년에는 반드시 시험에 합격하겠다고 굳게 결심했다.
뒷머리는 좀 짧게 잘라 주세요.

상태동사를 부사처럼 만들어주는 어미이다.

(동사)(으)며

1. 두 가지 이상의 사실을 같은 자격으로 나열할 때 씀.

ex) 그 사람의 아버지는 의사이며 어머니는 약사이다.
인간은 누구나 행복을 원하며, 또 행복해지기 위해 노력한다.

2. 앞절과 뒷절을 같은 자격으로 이어 주되, 그것이 순차적임을 나타냄.

ex) 드디어 원하는 일을 찾았으며 그로 인해 큰 기쁨을 얻고 있다.
우리는 항상 승리했으며 앞으로도 계속 승리해 나갈 것입니다.

문어에서 사용되는 대등, 나열의 연결어미이다.

(마치) (명사)처럼

1. [비교가 되는 대상에 붙어] '-와/과 같이' 의 뜻

ex) 내가 당신처럼 눈물이라도 흘려야 한단 말이야?
지나고 보니 사랑은 유행가 가사처럼 눈물의 씨앗이더라.

2. '-같이', '~ 모양으로' 의 뜻

ex) 산더미처럼 쌓여 있는 일.
좋은 아이디어가 번개처럼 뇌리를 스쳤다.
그 여자는 마치 자기가 공주나 되는 것처럼 행동했다.

3. ['-는 것' 과 함께 쓰여] '~ 듯이' 의 뜻

ex) 둘이서 짜고 그 친구를 놀리는 것처럼 보였다.
그 사람은 자신이 중립을 지키는 것처럼 보이길 원했다.

'-처럼' 은 질적인 유사성, '-만큼' 은 양적인 유사성을 주로 나타낸다.

(명사)적

1. '어떤 범위나 특성을 가진' 의 뜻을 나타냄.

ex) 과학적 / 생산적 / 한국적
시골 풍경을 사실적으로 묘사했다.
그 범죄는 처음부터 계획적이었다.

주로 한자어 명사 뒤에 붙으며, 이 뒤에는 '-이다' 나 '-으로' 가 붙는 것이 보통이다.

(동작동사)아/어 가다/오다

1. 계속되거나 진행됨을 나타냄.

ex) 박 영감의 코 고는 소리는 점점 높아만 간다.
씨름은 삼국 시대부터 전해져 오는 민속 놀이이다.

'-아/어 가다' 는 지금부터 미래로, '-아/어 오다' 는 과거부터 지금까지 계속됨을 나타낸다.

제 2 과 취미

(동작동사)(으)ㄹ 줄 알다/모르다

1. 어떤 일을 하는 방법을 아는지 모르는지 또는 그 일을 할 능력이 있는지 없는지를 나타냄.

ex) 나는 운전을 할 줄 알지만 남편은 아직도 면허가 없다.
귀관도 이제는 재주를 부릴 줄 아는군, 재주를 부릴 줄 알아, 하하하.

'-(으)ㄹ 수 있다/없다' 가 능력이나 가능성의 유무만을 나타내는 데 비해, '-(으)ㄹ 줄 알다/모르다' 는 앎에 따른 능력의 유무를 나타낸다.

(동사)기는 하지만

1. 앞에 나오는 동작을 강조하여 대조되는 사실을 나타냄.

ex) 시험 공부를 열심히 하기는 했지만 합격 여부는 장담할 수 없었다.
육체는 고되고 생활도 빡빡하기는 했으나 기분만은 더없이 느긋하던 때였다.

'-지만' 보다 '-기는 하지만' 이 더 강한 느낌을 준다. '-지만' 은 선행문과 후행문의 주어에 제약이 없으나, '-기는 하지만' 은 보통 선행문과 후행문의 주어가 같다.

(동작동사)는 중이다, (명사) 중이다

1. 어떤 동작이 진행되고 있음을 말함.

ex) 올해 스물아홉인데 지금 한참 색시감을 고르는 중이거든요.
필자가 최근 아동 문학 작품을 두루 살펴보는 중에 한 가지 깨달은 것이 있다.

'-는 중이다' 는 '-는 중에' 와 같이 쓰이기도 한다. '중이다' 에 직접 붙는 명사는 한자어로 된 동작성 명사이다.

(상태동사)아/어 보이다

1. '(어떻다고) 느껴지다, 생각하다.' 의 뜻

ex) 얼굴이 훨씬 좋아 보이는군.
겉으론 얌전해 보이지만 버릇이 고약한 녀석이다.

'-아/어 보이다' 는 '보기에 -(으)ㄴ 것 같다' 는 의미로 쓰인다.

(동사)(으)면서

1. 두 가지 이상의 동작이나 상태를 아울러 나타냄.

ex) 그는 항상 텔레비전을 보면서 식사한다.
그녀는 부드러우면서 의연하다.

2. 어떤 동작이나 상태가 지속되면서 또 다른 동작이나 상태가 나타남을 말함.

ex) 유 감독은 노총각으로 있으면서 많은 여배우와 결혼한다는 가십을 만들었었다.
그녀는 고등학교 선생 노릇을 하면서 시동생들을 뒷바라지했다.

3. 앞절의 동작이나 상태가 비롯됨으로써 뒷절의 동작이나 상태가 아울러 나타남을 뜻함.

ex) 거래가 늘면서 중고차 값도 15~20퍼센트씩 올랐다.
날씨가 풀리면서 여기저기 물웅덩이가 생겨났다.

(동작동사)**는 데 (좋다/나쁘다)**

1. 좋거나 나쁨의 기준이 됨을 나타냄.

ex) 겨울철 건강을 지키는 데에는 냉수 마찰이 좋다.
난간이 떨어져서 계단을 오르내리는 데 불편하다.

(명사)**을/를 통해(서)**

1. '그것을 수단으로 해서' 의 뜻

ex) 국회의원은 국민의 투표를 통해 선출된다.
이것이 여러분이 교과서를 통해서 배운 경제 원리의 예입니다.

2. '어떤 과정이나 경험을 거쳐' 의 뜻

ex) 속담이란 옛날 사람들이 오랜 경험을 통해 얻은 삶의 지혜이다.
사람은 누구나 실수를 통해서 성숙해지는 법이다.

이 때의 '통하다' 는 '-를 통한', '-를 통해서', '-를 통하여' 등 불완전한 활용을 하는 동사이다.

(동작동사)**기 위해(서)**

1. 행동의 목적을 나타냄.

ex) 저는 한국말을 배우기 위해서 한국에 왔어요.
대기 오염을 줄이기 위한 방법에는 어떤 것들이 있을까?

'위하다' 는 '-를 위한', '-를 위해서', '-를 위하여' 등 불완전한 활용을 하는 동사이다.

(숫자)**(이)나**

1. '-가 될 만큼' 의 뜻

ex) 열 시간이나 걸려서 겨우 부산에 도착했다.
어제는 밥을 다섯 끼나 먹었어요.

'(명사)이나 (동사)' 는 하찮음, '(숫자)이나 (동사)' 는 많음을 나타낸다.

제3과 직장 생활

(동작동사)나 보다, (상태동사)(으)ㄴ가 보다

1. 충분한 근거를 가지고 추측할 때 사용함.

ex) 아마 여기는 우리 같은 사람들이 오는 데가 아닌가 봐요.
월요일 아침에는 아이들도 학교에 가기 싫은가 보다.

의문형 종결어미에 '보다' 가 붙은 형으로, 과거형은 '-었나 보다' 로 중화된다.

(동사)네요

1. 처음 안 사실에 대한 가벼운 놀람을 나타냄.

ex) 고향을 떠나온 지 벌써 한 칠팔 년 돼 가네요.
어젯밤부터 열이 나고 그러네요.
현재까지는 상황이 그렇네요.

(동사)잖아요

1. 말하는 이가 듣는 이에게 자신의 말이 맞지 않느냐고 상기시킬 때 씀.

ex) 제가 어제 그렇다고 이야기했잖아요.
이 책은 아이들이 읽기에는 너무 어렵잖아요.

'-기 때문이다' 와 같이 이유를 말하는 표현으로, 상대방도 이미 알고 있을 것으로 추정되는 대답을 할 때 사용된다.

(동사)았었/었었

1. 완료, 단절의 뜻을 나타냄.

ex) 여보, 아까 나 코트를 어디다 벗어 놓았었죠?
나는 그의 서툰 노질로 강물에 빠져 죽을 뻔하다가 살았었다.
우리 어릴 때 이 동네에 살았었거든요.
처녀 시절에는 꿈도 많았었다.

'았었/었었' 은 '았/었' 의 강조로 흔히 사용된다. 특히 '가다/오다' 와 함께 쓰이면 단절의 의미를 강하게 나타낸다.

(동작동사)아/어 놓다/두다

1. 하나의 행동을 완전히 끝내고 그 상황을 계속 유지함을 나타냄.

ex) 외등을 꺼 놓은 집안은 달빛 때문에 여름날의 대낮처럼 고요하다.
음식을 차려 놓고 손님들이 도착하기를 기다렸다.

'-아/어 놓다'와 '-아/어 두다'는 대부분의 경우 상호 교체가 가능하다. 다만, '놓아 두다'는 사용되지만, '두어 놓다'는 사용되지 않는다.

(동사)아/어도

1. 아직 일어나지 않은 일을 가정하지만, 뒷절에는 그와 반대되는 또는 기대에 어긋나는 부정적인 사실이 옴을 나타냄.

ex) 설령, 그가 살아 돌아온다 해도 일은 그렇게 순조롭지 못할 걸세.
이것은 고층 건물 옥상에서 땅 위로 떨어뜨려도 절대로 깨지지 않는 강화 유리다.

2. 과거 사실의 반대를 가정으로 어떤 행동을 가정해도 마찬가지라는 뜻을 나타냄.

ex) 그는 병원에 갔어도 회생하지 못했을 것이다.
사장을 만났어도 밀린 임금을 모두 받지는 못했을 거야.

'-(으)면'이 영향을 미치는 조건인데 반하여, '-아/어도'는 영향을 미치지 않는 조건을 말할 때 쓴다. '-이다/아니다'는 '-이라도/아니라도'와 같이 쓰이기도 한다.

(아무리) (동사)아/어도

1. '한껏, 최대한도로 노력하여도'의 뜻.

ex) 아무리 울화가 치밀어도 그럴 수는 없지 않은가?
아무리 소리쳐도 모를 지경으로 잠들었어요.

영향을 미치는 조건이 강한 경우에는 '너무 -(으)면'이 쓰이고, 영향을 미치지 않는 조건이 강할 때는 '아무리 -아/어도'가 쓰인다.

(동작동사)자마자

1. 앞의 동작이 끝나고 바로 이어 뒤의 동작이 일어날 때 씀.

ex) 학기가 끝나자마자 아르바이트를 구하기로 했다.
경건한 유태인은 해가 돋자마자 일어나서 먼저 손을 씻는다.

'-자마자' 는 주로 선행동작이 일어났을 때만을 가리키고, '-는 대로' 는 선행동작이 지속되는 가운데 후행동작이 일어날 때 쓴다.

(동사)(으)ㄴ/는지 (알다/모르다)

1. 의심이나 의문을 나타냄.

ex) 학생들이 대답을 안 하니까 아는지 모르는지 알 수가 없네요.
무엇이 잘못되었는지 선생님께 여쭤 보세요.

일종의 간접 의문문으로, '어떤 질문에 대한 답에 관해서 알다/모르다' 의 뜻을 갖는다. '알다/모르다' 대신 '궁금하다, 생각하다, 걱정하다' 등 다양한 동사가 사용될 수 있다.

(동사)(으)ㄴ/는 만큼, (명사)만큼

1. (앞에 말한 내용과) 같은 정도나 한도를 나타냄.

ex) 우리만큼 친한 친구가 있을까?
노력하는 만큼 결실을 얻게 되는 법이다.

'-처럼' 은 질적인 유사성, '-만큼' 은 양적인 유사성에 사용된다. '-처럼' 은 조사로만 사용되고, '-만큼' 은 조사와 의존명사의 두 쓰임을 갖는다.

제4과 환불

(동작동사)는 바람에

1. '그것 때문에' 의 뜻.

ex) 모두 배 멀미를 하는 바람에 밤새 누워 보지도 못했어요.
숙이는 시어머니가 떠미는 바람에 방으로 들어갔다.

원인을 나타내며, 주로 부정적인 상황에서 쓴다. 뒷문장은 동작동사의 과거형이 쓰이는 것이 보통이다.

얼마나 (상태동사)(으)ㄴ지 모르다

1. 강조를 나타냄.

ex) 그 물건은 값이 얼마나 비싼지 모릅니다.
알이 어찌나 큰지 그는 엉겁결에 '에그' 하고 소리를 질렀다.

'-(으)ㄴ지 모르다' 의 수사적 표현으로, 강조를 나타낸다. 평서형으로만 사용된다.

(동사)더라/더군요

1. 화자가 과거에 직접 보고, 듣고, 느낀 것을 회상하여 말함을 나타냄.

ex) 어제는 차 서방이 오밤중에 불쑥 우리 집에 왔더라.
아무리 슬픈 영화를 봐도 내가 살아온 만큼 기막힌 이야기는 없더라.

1인칭 주어는 인식의 대상이 되기 어려우므로 대부분의 경우 사용할 수 없다. 흔적만을 본 경우에는 '-았/었더라' 나 '-았/었더군요' 를 사용한다.

(동작동사)(으)ㄹ까 하다

1. 말하는 이가 그렇게 하고 싶어함을 나타냄.

ex) 깨울까 하다가 피곤해 보이길래 안 깨웠어요.
모처럼 운동을 해 볼까 했는데 비가 오네요.

2. 말하는 이가 추측한 내용이 뒤의 행동을 하는 이유임을 나타냄.

ex) 차가운 걸 마시면 좀 시원해질까 하고 콜라를 한 병 샀어요.
좀 더 빠를까 하고 택시를 탔는데 오히려 더 늦게 도착했어요.

1인칭 주어의 희망에 쓰인다. 3인칭 주어에는 '-고 싶어하다'를 쓰는 것이 보통이다.

(동사)거든요

1. 앞에서 말한 내용에 대해 말하는 이가 나름대로 생각한 이유를 밝힐 때에 쓰임.

ex) 왜 이런 생각을 하게 되었느냐 하면, 이 소설에 감춰진 아주 중대한 의문점이 하나 있거든.
그 사람 말은 믿어도 되는 것이 절대로 헛소리하는 법이 없거든.

상대방이 모르는 이유를 설명하는 데에 사용하는 종결어미로 서술문에만 쓰인다.

아무 (명사)도 / 아무 (명사)(이)나

1. 사물을 무엇이라고 꼭 지정하지 않고 가리킬 때 씀.

ex) 여기서는 아무 책이나 골라도 네 수준에 맞을 거야.
아무 곳이나 마음에 드는 곳에 심어라.
아무도 그 사람 얘기에 귀기울이지 않았다.

'아무 (명사)도'는 부정문에만 쓰인다.

(동작동사)**나요?**/(상태동사)**(으)ㄴ가요?**

1. 상대방에게 물어보는 뜻을 나타냄.

ex) 할아버지께서는 진지를 잘 드시나요?
여러분들은 혹시 방송국에서 텔레비전 프로그램이 만들어지는 과정을 본 일이 있나요?

2. [수사 의문문에 쓰이어] 문장의 내용을 강조하는 뜻을 나타냄.

ex) 사람의 도리를 알지 못한다면 어찌 사람이라고 할 수 있겠나요?
자식이 어찌 부모의 심정을 알 수 있나요?

의문형 어미에 높임의 '-요'가 붙은 형태로, 과거형은 '-았/었나요?'로 중화된다.

(명사)**에 따르면**

1. 주장이나 진술의 근거를 나타냄.

ex) 정부의 통계 자료에 따르면 여성의 사회 진출이 해마다 증가하고 있다고 한다.
도로교통법에 따르면, 운전 중에 휴대폰을 사용하면 범칙금을 내야 한다.

'따르다'는 '-에 따라서', '-에 따르면' 등 불완전한 활용을 하는 동사이다.

(명사)**에 비해(서)**

1. 비교의 대상 및 기준을 나타냄.

ex) 그는 나이에 비해서 겉늙어 보인다.
우리 자동차도 외제에 비해 전혀 손색이 없다.

'비하다'는 '-에 비해서', '-에 비하면' 등 불완전한 활용을 하는 동사이다.

제5과 날씨와 생활

(동사)**던**

1. 말하는 이가 겪은 일을 회상하는 뜻을 나타냄.

ex) 철수가 떠나던 날 끝끝내 영희는 공항에 나타나지 않았다.
언니가 결혼하던 날도 눈이 내렸다.

2. 과거의 어느 때로부터 계속 지속되던 사실임을 나타냄.

ex) 명성 높던 페리클레스가 죽은 후 그리스는 정치적 혼란을 겪었다.
그 때 나는 3년간이나 계속하던 펜팔의 주인공을 만나기 위해 호남선 열차에 올랐다.

3. 과거의 어느 시점까지 그 일이 반복되어 왔음을 나타냄.

ex) 나는 우리가 자주 만나던 사람들이 피해를 입지 않을까 걱정스러웠다.
즐거운 자리에서 내가 곧잘 흥얼거리던 노래가 있다.

'-더'에 관형형 'ㄴ'이 붙은 형태이나, '-더라/더군요' 구문이 1인칭 주어를 가질 수 없는 것에 반해 '-던'은 주어에 제약이 없다. 관형형 어미와 비교하면, '-(으)ㄴ'는 완료의 의미를 갖고, '-던'은 중단의 의미가 강하다. '-던'이 '오다/가다'와 결합하여 '오던/가던'이 되면 반복적인 양상을 나타내기도 한다. '-았/었던'이 '오다/가다'에 붙으면 일회성을 드러내지만, 그 밖의 동사에서는 '-던'과 의미 차이가 잘 드러나지 않는다.

(상태동사)**아/어지다**

1. [상태동사 뒤에 쓰여] 상태가 변화해 감을 나타냄.

ex) 얼굴이 예뻐졌다.
낮의 길이가 길어집니다.
둘 사이가 좋아졌어요.

상태동사와의 결합은 대단히 자유로우나 동작동사는 일부만이 결합되고, 그 밖의 동사는 '-이-, -히-, -리-, -기-' 등의 피동접사가 붙어 피동사가 된다.

2. [동작동사 뒤에 쓰여] 앞의 동사를 피동의 뜻을 가지게 하거나, 그러한 동작이 일어난 원인을 밝히지 않거나 밝힐 수 없을 때 사용함.

ex) 가죽으로 만들어졌다.
접시가 깨어졌어요.
둘로 나누어집니다.

(동사)(ㄴ/는)다고 하다

1. 평서문의 간접 인용문으로, 동작동사는 '-ㄴ/는다고 합니다', 상태동사는 '-다고 합니다'가 사용됨. 구어체에서는 주로 축약형 '-답니다/-대요'를 씀.

ex) 성호가 선생님께서 널 찾으신다고 하던데.
약을 먹었는데도 계속 아프대요.

'-이다, -이/가 아니다'는 '-이라고 하다, -이/가 아니라고 하다'가 된다.

(동사)냐고 하다/묻다

1. 의문문의 간접 인용문으로, 구어체에서는 축약형 '-냡니다/-냬요'를 씀

ex) 우리보고 어떻게 하란 말이냬요.
그 아파트가 얼마나 높냬요.

동작동사는 '-(느)냐고 하다', 상태동사는 '-(으)냐고 하다'가 사용되기도 하나, '-(느)냐고 하다'는 문어체의 의고식 표현이다.

(동사)(으)ㄴ/는 걸 보니까

1. 추측의 경험적 근거를 말함.

ex) 비싼 옷을 입은 걸 보니까 돈이 많은가 봐요.
비가 오는 걸 보니까 날씨가 추워질 것 같아요.

뒤에는 '-나 보다', '-(으)ㄹ 것 같다' 등의 추론이 오는 것이 보통이다.

(동사)(으)ㄹ 정도

1. '그렇게 할 만큼'의 뜻

ex) 달빛이 신비로울 정도로 고운 빛깔을 하고 있었다.
바람 소리는 아까보다 조금 덜했으나, 몸이 움츠러들 정도로 바깥 공기가 싸늘했다.

'-(으)ㄹ 정도로'나 '-(으)ㄹ 정도이다'의 형식으로 사용되는 것이 보통이다.

(명사)(으)로 인해(서)

1. 원인이 되는 대상을 나타냄.

ex) 이번 화재로 인해서 많은 인명 피해가 났다.
해마다 운전자의 부주의로 인해 발생하는 교통 사고가 늘고 있다.

'인하다'는 '-(으)로 인해서', '-(으)로 인한' 등 불완전한 활용을 하는 동사이다.

(시간) 만에

1. (시간이 얼마 동안) '지난 다음'의 뜻을 나타냄.

ex) 몇 해 만에 찾아온 것인가?
십 년 만에 모국에 갔었지요.

'동안'과 비교하면, '만에'는 '그동안 하지 못하다가 이제' 정도의 뜻을 갖는다.

제6과 여행

(동사)다니요?

1. 다른 사람의 말을 듣고 그 말을 반복하되, 내용에 동의하지 않거나 의심해서 다시 질문하는 형식을 취할 때 사용함.

ex) 아니, 남다른 경험담이라니요? 그게 무슨 이야기입니까?
이렇게 귀중한 걸 가지고 하찮다니요?

'-이다, -이/가 아니다'는 '-이라니요, -이/가 아니라니요?'로 바뀐다. 동작동사는 '-ㄴ/는'이 붙기도 한다. (예: 친구가 오다니요?/친구가 온다니요?)

(동사)(으)ㄹ 만하다

1. 동작이나 상태가 어떤 수준에 이른다거나 또는 그렇게 할 만한 가치가 있음을 나타냄.

ex) 그가 가 있을 만한 곳은 다 찾아보았지만 보이지 않네요.
그 사람의 강연은 내용이 알차서 경청할 만하다.

(동사)**더라고(요)**

1. 화자가 과거에 직접 보고, 듣고, 느낀 것을 강조하여 회상함을 나타냄.

ex) 살다 보니 가끔은 좋은 일도 생기더라고요.
운동을 하고 나면 배가 고프더라고요.

'-더라/-더군요' 와 큰 차이가 없이, 약간 더 강조하는 표현이다.

(동사)**(으)ㄴ/는 데다가**

1. 앞의 동작이나 상태에 뒤의 동작이나 상태가 덧붙여서 일어남을 나타냄.

ex) 그 차는 낡은 데다가 칠까지 벗겨져서 사려는 사람이 없을 거예요.
코가 오뚝한 데다가 눈도 서글서글하게 생겼다.

(동사)**아/어 가지고**

1. 어떤 행위를 끝내거나 상태를 유지하여.

ex) 우물에서 물을 퍼 가지고 지붕 위로 끼얹는 사람도 있었다.
그는 너무 기뻐 가지고 말이 안 나왔다.

'-아서/어서' 의 구어 표현으로 명령, 청유형과 함께 사용되지 못한다.

(명사)**에 따라(서)**

1. (어떤 조건이나 사정에) 의거하거나, 좇아서.

ex) 같은 물건도 장소와 시간에 따라 용도가 다르다.
계절에 따라서 사는 곳을 옮기는 철새도 있습니다.
유통업체에 따라 가격이 최고 4배까지 차이가 난다.

'따르다' 는 '-에 따라서', '-에 따르면' 등으로 불완전한 활용을 하는 동사이다.

(동사)(으)므로

1. 앞말이 뒷말의 원인이나 이유 등의 근거가 됨을 나타냄.

ex) 뼈를 깎는 노력이 있었으므로 그에게 오늘의 영광이 있었다.
타의 모범이 되므로 이에 상장과 상품을 수여함.

원인을 나타내는 '-아서/어서' 의 문어체 표현이다.

(명사)껏

1. 있는 힘을 다하여 애써서 겨우

ex) 허공을 나르는 손오공도 기껏 부처님의 손바닥 위에서 놀았을 뿐이다.
화가 나서 발로 문을 힘껏 걷어찼다.
정성껏 포장해 봤자 쓰레기만 될 텐데 뭐하러 할까?

제7과 정보

(동작동사)(으)라고 하다

1. 명령형의 간접 인용이며, 구어체에서는 주로 축약형 '-랍니다/-래요' 를 씀.

ex) 나보고 여기서 기다리래.
엄마가 딴 데 전화할 데 있다고 빨리 끊으래.
교수님이 다음 주까지 리포트 제출하래?

1인칭 화자일 경우에 '주다' 는 '달라고 하다' 로 바뀐다.

(동작동사)자고 하다

1. 청유형의 간접 인용이며, 구어체에서는 주로 축약형 '-잡니다/-재요' 를 씀.

ex) 커피나 한 잔 하재요.
김 선생님이 언제 다같이 한번 보재요.

(동사)(으)ㄹ 텐데

1. 그럴 것 같다고 추측하여 서술하거나 묻거나 하는 뜻을 나타냄.

ex) 이상도 있고 포부도 크셨을 텐데요.
진작 경찰에라도 신고를 하셨더라면 이런 일은 없었을 텐데.

현재가 그렇지 못함을 아쉬워할 때는 '-(으)ㄹ 텐데', 과거에 그렇지 못했음을 아쉬워할 때는 '-았/었을 텐데'가 사용된다. 의존명사 '터'가 사용되는 표현은 '-(으)ㄹ 텐데', '-(으)ㄹ 테니까' 정도뿐이다.

(동작동사)는 대로

1. '어떤 상태나 행동이 나타나는 그 즉시'의 뜻을 나타냄.

ex) 도착하는 대로 편지해라.
날이 밝는 대로 출발하자.

(동사)기만 하면 (되다)

1. 다른 조건, 상황 등은 생각할 필요도 없이 그 한 가지 조건, 상황만 있으면 반드시라는 뜻을 나타냄.

ex) 단축키를 누르기만 하면 바로 메뉴가 뜬다.
그 사람은 운전대를 잡기만 하면 난폭해진다.

(명사)에 의해(서)

1. '누구/무엇을 행위자로 하여'의 뜻

ex) 바람에 의해서 꽃가루가 옮겨진다.
희곡은 대사와 몸짓에 의하여 표현된다.

'의하다'는 '-에 의해서', '-에 의한', '-에 의하면' 등 불완전한 활용을 하는 동사이다.

피동/사동

1. '피동'은 주어가 자신의 힘으로 행위를 행하는 것이 아니라, 남의 행동에 의해 이루어지는 행위를 나타냄

ex) 눈이 마을에 하얗게 쌓였다. 바람에 문이 저절로 닫혔다.

2. '사동'은 남에게 어떤 동작이나 행위를 하게 만드는 행위를 나타냄.

ex) 아이의 옷을 벗기고 머리를 감겼다. 선생님께서 나에게 다른 동창들의 근황을 알려 주었다.

'상태 동사'에 '_아/어 지다'가 결합하면 그 상태로 변함을 나타낸다.
사동임을 분명하게 나타내고 싶을 때는 '_어 주다'를 덧붙여서 쓰는 경우가 많다.

제8과 편지

(동작동사)**는 김에**

1. (이미 어떤 일이나 상황이 생겼으므로) 그것을 기회로 삼아서.

ex) 말이 나온 김에 확실한 대답을 듣고 싶었다.
이왕 들어온 김에 좀 쉬어 갑시다.

(동사)**(ㄴ/는)다고들 하다**

1. 여러 사람에게 들은 내용을 간접적으로 옮김의 뜻을 나타냄.

ex) 그 사람들은 모두 보수적인 성향이라고들 하던데요.
처음 불이 난 곳은 이층 3호실이라고들 하던데요.

'-들'이 조사처럼 사용되어 어미나 부사 뒤에 붙는 경우는 주어가 복수임을 나타낸다.

(동사)**더라도**

1. 앞절의 사실을 인정하지만, 그것이 뒷절의 내용과 별로 관계없음을 나타냄.

ex) 같은 피를 나눈 형제라 하더라도 성격은 모두 다르더라.
배운 것이 많더라도 그것을 올바로 사용하지 않으면 아무 소용없다.

2. 단순 가정의 양보를 나타냄.

ex) 언어가 다르더라도 기본적인 의사 소통은 어느 정도 가능하다.
내가 죽더라도 적들에게 나의 죽음을 알리지 말라.

'-더-'에 '-아/어도'가 붙은 것으로, 인지의 양상이 더해진 표현이다.

어차피 (동사)**(으)니까**

1. 어떻게 하더라도, 어찌 되었든지.

ex) 어차피 세상에 비밀은 없으니까 미리 얘기하는 게 낫다.
어차피 끝난 일이니까 다시 생각할 필요 없어요.

(명사)**에다(가)**

1. '어떤 것에 다른 것이 더하여짐' 의 뜻을 나타냄.

ex) 아이 셋에다가 일하는 사람도 없어서, 너무 힘들었다.
그는 2년간의 투옥 생활로 심한 우울증에다가 폐병까지 앓아야 했다.

2. 여러 가지 사실을 더하여 늘어 놓음의 뜻을 나타냄.

ex) 맥주 열 병에다가 갈비 육 인분에다가, 소주 두 병 주세요.
중상모략에다가 협박에다가 갖은 짓을 다 하더니 그것도 모자라 이젠 염탐꾼까지 보내?

3. 행위 대상의 내용이 도달하는 도달점임을 나타냄.

ex) 집에다가는 돈 많이 벌어 오겠다는 말을 남기고서 가출해 버렸다.
창턱에 올려 놓은 난초에다가 물을 주었다.

4. 도구나 수단을 나타내는 말에 붙어서 '그것을 가지고' 의 뜻을 나타냄.

ex) 연탄 난로에다가 라면을 끓였다.
기저귀는 햇볕에다가 말려야 살균도 되고 좋단다.

(명사)**(으)로는** (명사)**이/가 그만이다**

1. '더 이상 말할 수 없이 좋다' 의 뜻

ex) 물맛으로는 우리 시골집 우물맛이 그만이다.
운치가 있기로는 바닷가 이층 양옥이 그만이었다.

(명사)**보고/더러**

1. 행동이 미치는 직접적인 대상임을 나타냄.

ex) 자기는 고운 말을 한 번도 안 쓰면서 남들보고 쓰라고 난리야.
너더러 이 많은 방을 다 청소하라고 하셨니?

'-에게', '-한테' 와 유사한 의미로 사용된다.

(명사)**만 하다**

1. 비교하여 크기가 비슷함을 나타냄.

ex) 그 개는 송아지만하다.
여기저기 다녀봐도 내 집만한 곳은 없어요.

'-만하다' 는 명사 뒤에 사용되어 크기가 비슷함을 나타내기도 하고, 동사 뒤에 '-(으)ㄹ 만하다' 의 형식으로 쓰여 '-(으)ㄹ 가치가 있다' 의 뜻으로 사용되기도 한다.

(동작동사)**고 나서**

1. 앞의 동작이나 사건이 일어난 후에 뒤의 동작이나 사건이 일어남을 강조해서 나타냄.

ex) 성희는 돈을 챙겨 넣고 나서 옷을 갈아 입었다.
중학교 일학년을 마치고 나서 여름 방학은 어머니 곁에서 보내게 되었다.

(동작동사)**는 한**

1. '이러한 조건에서는' 의 뜻

ex) 열심히 준비하고 노력하는 한 실패는 없을 것이다.
도난 경보기가 작동하는 한 아무도 이곳에 침입할 수 없을 것이다.

뒷절에는 '-(으)ㄹ 것이다' 와 같은 추측이 나타나는 것이 보통이다.

어휘 · 표현

문법 찾아보기

집 필 **김 중 섭**
경희대학교 국제교육원 원장
경희대학교 국어국문학과 박사 (국어학)

강 현 화
경희대학교 외국어학부 한국어학과 부교수
연세대학교 국어국문학과 박사 (국어학)

이 정 희
경희대학교 국제교육원 한국어교육부장
경희대학교 국어국문학과 박사 (국어학)

김 동 은
일본 관동국제고등학교 한국어 코스 교사
경희대학교 국어국문학과 박사 수료

이 명 귀
경희대학교 국제교육원 한국어교육부 객원교수
경희대학교 국어국문학과 박사 (현대문학)

그림/디자인 **신 영 성**
현대 미술가, 경희대학교 국제교육원 겸임교수
문화 • 예술 공동체 www.korea-art.biz 대표

한국어 중급I

발행일 : 제1판 제1쇄 2002년 3월 4일
제1판 제11쇄 2015년 6월 5일

지은이 : 김중섭, 강현화, 이정희, 김동은, 이명귀 공저
· http://www.iie.ac.kr · E-mail : iie@khu.ac.kr
· TEL : 02-961-0081~2 · FAX : 02-959-9018

발행처 : 경희대학교 출판문화원
등 록 : 1977년 11월 8일 제6 - 5호
주 소 : 서울시 동대문구 경희대로 26 우편번호 130-701
· http://www.khupress.com
· E-mail : press@khu.ac.kr
· TEL : 02-961-0106~8 · FAX : 02-962-8840
인 쇄 : 새한문화사

ISBN 978-89-8222-062-3
ISBN 978-89-8222-046-3(세트)
값 20,000원 (CD포함)